온 가족이 함께하는

3분 예배

구약편

**온 가족이 함께하는
3분 예배** 구약편

ⓒ 생명의말씀사 2020

2020년 11월 16일 1판 1쇄 발행
2021년 1월 26일   2쇄 발행

펴낸이 | 김재권
펴낸곳 | 생명의말씀사

등록 | 1962. 1. 10. No.300-1962-1
주소 | 서울시 종로구 경희궁1길 6 (03176)
전화 | 02)738-6555(본사)・02)3159-7979(영업)
팩스 | 02)739-3824(본사)・080-022-8585(영업)

지은이 | 장상태

기획편집 | 서정희, 김선진, 장주연
디자인 | 박소정, 김혜진
인쇄 | 영진문원
제본 | 정문바인텍

ISBN 978-89-04-16731-9 (03230)

저작권자의 허락 없이 이 책의 일부 또는 전체를
무단 복제, 전재, 발췌하면 저작권법에 의해 처벌을 받습니다.

온 가족이 함께하는

3분 예배

장상태 지음

**구약 말씀으로
약속의 하나님을 만나는
가정예배**

구약편

날마다 하나님을 예배하며
하나님을 알아가는
복된 가정이 되기를 소망합니다.

contents

서문 성경, 우리를 위한 하나님의 놀라운 사랑 | 12
이 책의 활용법 | 15

◆ **서론**
01　왜 하나님은 성경을 주셨나요? | 18
02　왜 구약 성경이라고 하나요? | 20

◆ **모세오경**
03　**창세기 1**　모든 것의 시작 | 22
04　**창세기 2**　하나님은 창조주, 인간은 피조물입니다 | 24
05　**창세기 3**　고통의 문제는 어떻게 시작되었나요? | 26
06　**창세기 4**　구원은 어떻게 시작되었나요? | 28
07　**창세기 5**　언약을 지키시는 하나님 | 30
08　**창세기 6**　선택한 자녀의 인생길을 인도하세요 | 32
09　**출애굽기 1**　애굽에서 나와서 하나님의 백성이 되어요 | 34
10　**출애굽기 2**　선택한 백성과 맺으신 하나님의 약속 | 36
11　**출애굽기 3**　하나님을 향한 사랑의 표현, 예배 | 38
12　**출애굽기 4**　하나님이 거하시는 성막 | 40
13　**레위기 1**　하나님의 자녀답게 사는 법 | 42
14　**레위기 2**　구약시대의 예배 | 44
15　**레위기 3**　하나님의 인도하심을 기억하고 기념해요 | 46

구약 말씀으로 약속의 하나님을 만나는 가정예배

16 **민수기1** 하나님이 자신의 백성을 세어 보셨어요 | 48
17 **민수기2** 하나님 나라 백성의 임무는 무엇인가요? | 50
18 **민수기3** 선택받은 백성이 왜 불순종할까요? | 52
19 **신명기1** 다음 세대에게 율법을 전해요 | 54
20 **신명기2** 하나님 백성은 무엇으로 사나요? | 56
21 **신명기3** 새로운 시대는 누가 이끌어 가나요? | 58

◆ **역사서**
22 **여호수아1** 여호와가 구원하십니다 | 60
23 **여호수아2** 가나안 백성을 왜 진멸해야 하나요? | 62
24 **여호수아3** 어떻게 가나안을 정복했나요? | 64
25 **사사기1** 하나님께서 사사들을 세우셨어요 | 66
26 **사사기2** 왜 열두 명의 사사를 보내 주셨을까요? | 68
27 **사사기3** 점점 내리막길을 걷게 된 이유 | 70
28 **룻기1** 하나님을 따르는 것이 회복의 시작이에요 | 72
29 **룻기2** 구속이란 무엇인가요? | 74
30 **사무엘상1** 두 왕과 하나님의 이야기 | 76
31 **사무엘상2** 사울왕은 왜 실패했나요? | 78

contents

32 **사무엘상3** 하나님이 다윗을 선택하신 이유 | 80

33 **사무엘하1** 다윗은 실패해도 하나님은 실패가 없어요 | 82

34 **사무엘하2** 영원한 왕조를 약속하신 뜻을 아나요? | 84

35 **사무엘하3** 다윗왕의 회개 | 86

36 **열왕기상1** 이스라엘 왕들에 대한 기록 | 88

37 **열왕기상2** 솔로몬은 왜 타락하게 되었나요? | 90

38 **열왕기상 3** 하나님은 사랑과 공의의 왕이세요 | 92

39 **열왕기하1** 이스라엘은 왜 멸망했을까요? | 94

40 **열왕기하2** 타락한 시대에도 하나님이 통치하시나요? | 96

41 **열왕기하3** 참된 회복은 어떻게 가능할까요? | 98

42 **역대상1** 역사를 돌아보며 회복을 소망해요 | 100

43 **역대상2** 이스라엘은 실패한 역사인가요? | 102

44 **역대상3** 돌아온 이스라엘을 누가 통치하나요? | 104

45 **역대하1** 죄에서 돌이킬 때 응답하시는 하나님 | 106

46 **역대하2** 이스라엘 역사는 어떤 의미가 있나요? | 108

47 **에스라1** 어떤 고난이라도 선하게 사용하세요 | 110

48 **에스라2** 왜 약속의 말씀을 누리지 못할까요? | 112

49 **느헤미야1** 하나님은 지금도 우리를 다스리세요 | 114

구약 말씀으로 약속의 하나님을 만나는 가정예배

50 **에스더1** 일상의 모든 일이 구원의 은혜예요 | 116
51 **에스더2** 하나님이 역사를 정하고 다스리세요 | 118

◆ **시가서**
52 **욥기1** 사람이 당하는 고통은 누가 주나요? | 120
53 **욥기2** 고난은 하나님의 확성기입니다 | 122
54 **욥기3** 고난으로 자녀를 온전하게 하세요 | 124
55 **시편1** 탄원시, 참된 제사는 상한 심령입니다 | 126
56 **시편2** 회개시, 다시 거룩함으로 하나님 앞에 섭니다 | 128
57 **시편3** 신뢰시, 하나님만 신뢰합니다 | 130
58 **시편4** 지혜시, 여호와의 율법을 즐거워해요! | 132
59 **시편5** 감사시, 하나님을 기뻐하고 감사해요! | 134
60 **잠언1** 하나님을 경외하는 것이 지식의 근본입니다 | 136
61 **잠언2** 나누면 풍성해지는 비밀을 알고 있나요? | 138
62 **전도서1** 하나님 없이는 모두 헛될 뿐이에요 | 140
63 **전도서2** 하나님을 경외함은 복된 인생의 시작 | 142
64 **아가서1** 하나님은 사랑입니다 | 144

contents

◆ **선지서**

65 **이사야1** 타락한 자녀에게 주시는 거룩한 징계 | 146
66 **이사야2** 사랑은 정의로 완성됩니다 | 148
67 **이사야3** 하나님은 말씀의 법으로 정의를 세우세요 | 150
68 **이사야4** 공의를 보이시는 하나님의 방법 | 152
69 **이사야5** 하나님의 완전한 공의로 세상이 회복돼요 | 154
70 **예레미야1** 말씀을 전하며 핍박을 받아도 힘을 내요 | 156
71 **예레미야2** 행함이 없는 믿음에 대해 경고하세요 | 158
72 **예레미야3** 새언약 백성으로 불러주신 은혜 | 160
73 **예레미야애가1** 그들의 죄가 곧 나의 죄입니다 | 162
74 **에스겔1** 포로가 되는 징계도 회복을 위한 은혜예요 | 164
75 **에스겔2** 마른 뼈도 살리시는 은혜를 약속하세요 | 166
76 **에스겔3** 우리가 하나님의 성전입니다 | 168
77 **다니엘1** 하나님은 역사를 주관하는 왕이십니다 | 170

구 약 말 씀 으 로 약 속 의 하 나 님 을 만 나 는   가 정 예 배

78 **다니엘2** 하나님이 세상 모든 나라를 이기셨어요 | 172
79 **호세아1** 하나님이 사랑한다고 외치고 계세요 | 174
80 **호세아2** 지금까지 삶의 여정은 모두 은혜입니다 | 176
81 **요엘1** 성령님을 보내겠다고 약속하셨어요 | 178
82 **아모스1** 하나님 사랑과 이웃 사랑 | 180
83 **오바댜1** 하나님은 지금도 모든 나라를 통치하세요 | 182
84 **요나1** 섬김과 사랑으로 복음을 전해요 | 184
85 **미가1** 하나님은 우리에게 공의를 원하세요 | 186
86 **나훔1** 하나님을 대적하는 모든 악의 끝은 심판 | 188
87 **하박국1** 오직 의인은 믿음으로 말미암아 삽니다 | 190
88 **스바냐1** 기쁨을 이기지 못할 만큼 당신을 사랑하세요 | 192
89 **학개1** 예배의 회복이 풍성한 삶의 시작입니다 | 194
90 **스가랴1** 하나님의 자녀가 되는 권세를 주십니다 | 196
91 **말라기1** 진실로 하나님을 예배할 때 회복 됩니다 | 198

서문

성경, 우리를 위한 하나님의 놀라운 사랑
오늘 내가 네게 명하는 이 말씀을 너는 마음에 새기고
네 자녀에게 부지런히 가르치며 신명기 6:6-7

  부모가 아이에게 물려줄 수 있는 유산 중에서 가장 중요한 것이 무엇일까요? 재산이나 권력보다 가치 있는 유산이 있습니다. 바로 신앙이라는 유산입니다. 이 유산은 이 땅에서뿐만 아니라, 내세에도 유익하며 전인격적으로 하나님과 사람 앞에서 참된 행복을 누릴 수 있게 합니다.

  자녀에게 신앙을 물려주기 위한 실천으로 가정예배를 시작할 것을 권합니다. 자녀와 함께 전심으로 하나님을 예배할 때 하나님께서 부어주시는 풍성한 은혜를 온 가족이 누릴 수 있습니다. 뿐만 아니라 자녀들에게 신앙을 가르치는 귀한 시간이 될 것입니다.

  가정예배를 위해 쓴 이 책은 교리를 통해 구약 성경을 볼 수 있도록 안내하고 있습니다. 구약 성경은 아주 오래전에 기록된 말씀이기 때문에 사사로이 풀고 해석할 때 오해하기 쉽습니다. 그래서 이미 약 400년 전에 수많은 탁월한 종교개혁가들이 고백한 교리를 통해서 성경을 보아야 잘못된 해석을 피하고 진리에서 벗어나지 않는 바른 해석으로 말씀을 이해할 수 있습니다.

  그것을 위해 방대한 구약 성경을 짧게 요약하여 구약 성경 39권을 91과로 구성하였고『웨스트민스터 소요리문답』의 교리를 주제로 구약 성경을 보았습니다. 성경, 하나님, 예수님, 구원, 인간, 교회, 종말이라는 7가지 주제로 보았습니다. 이 주제는 결국 '하나님은 어떤 분이신가?', '하나님은 우리에게 무엇을 명하시는가?', '우리는 어떻게 살아야 하는가?'에 관한 내용입니다. 이것을 하나님은 특별 계시인 성경으로 우리에게 말씀하셨습니다.

가정예배 가운데 성경이 중심이 돼야 하는 이유는 성경은 하나님이 우리에게 주신 말씀이기 때문입니다. 하나님은 인간에게 하나님에 관한 진리를 드러내 보여 주셨습니다. 왜 하나님은 스스로 인간에게 진리에 관한 말씀을 먼저 알려 주셨을까요? 왜 인간은 스스로 하나님을 찾고 발견할 수 없을까요? 인간은 죄를 가지고 태어나 마음과 생각과 판단이 죄의 오염 가운데 있습니다. 그렇기에 참된 진리를 스스로 알지 못합니다. 하나님은 죄악 가운데 있는 인간을 긍휼히 여기셔서 하나님에 관한 진리를 스스로 드러내 보여 주셨습니다. 성경이 존재한다는 것 자체가 우리를 위한 놀라운 하나님의 사랑입니다.

그런데 성경을 읽는다고 모든 사람이 진리에 이르는 것은 아닙니다. 오직 하나님께서 선택한 자녀에게만 주시는 은혜입니다. 하나님의 선택은 선하고 공정합니다. 선택하신 이유와 근거는 우리 안에 있지 않고, 하나님 안에 있기 때문입니다.

성경을 읽을 때 하나님이 하나님의 사랑에 근거해서 선택한 사람에게만 믿음이 주어지고, 말씀을 따라 살고 싶은 의지가 생기며, 예수 그리스도를 영접하고 영원한 생명을 얻을 수 있게 하셨습니다. 더 나아가 하나님을 아버지로 고백하며 예수 그리스도를 믿는 믿음을 통해서 성령님의 조명하심으로 더 깊이 깨닫고 생각과 말과 마음까지 거룩하게 변화될 수 있습니다. 성경을 통해 진리에 이를 때, 그동안 인간이 얼마나 깊은 죄악의 비참함 가운데 있었는지 비로소 알게 됩니다.

하나님은 우리를 위해 진리의 말씀을 약 1,500년 동안 40여 명의 저자를 통해서 쓰게 하셨습니다. 오랜 시간 동안 하나님께 영감을 받은 저자를 통해 언어, 문화, 역사를 사용하셔서 우리가 이해할 수 있는 다양한 글의 형태로 말씀을 주셨습니다. 다양한 글로 오랜 기간 쓰였지만, 일관된 통일성을 가지고 기록되었습니다. 성경은 죄인이 구원을 얻기에 전혀 오류가 없고, 더 이상의 계시가 필요 없는 완전한 하나님의 말씀입니다.

성경은 우리를 향한 하나님의 사랑으로 주어졌습니다. 진리에 관해 무지하고 어리석었던 우리에게 진리를 선물해 주신 하나님을 찬양합니다. 이 성경을 통해서 우리 심령이 항상 새로워지고, 거룩에 이르며, 하나님 안에서 온전해져 의와 진리와 거룩에 이르기를 기도합니다. 『3분 예배-구약편』을 통해서 가정예배를 드릴 때, 온 가족에게 하나님 안에서 사랑과 평강과 기쁨과 소망이 넘치고, 모두가 서로를 존중하며 하나님을 아는 지식에 자라 가기를 간절히 기도합니다.

마지막으로, 지금까지 이 글을 쓸 수 있도록 따뜻하게 지지해 준 아내 장은정에게 감사드리고, 가정예배를 드릴 때마다 진지한 눈빛으로 아빠를 바라보아 준 아들 장하준에게 감사를 드립니다.

이 책의 활용법

이렇게 구성되어 있어요.

이 책은 『3분 예배, 교리편』에 이어서 만든 책입니다. 성경이 나무라면 교리는 숲입니다. 전체 숲에 대한 조망을 먼저 하고 말씀을 하나씩 알아 가면 더욱 유익할 것입니다. 이 책도 앞선 책에서 말했던 교리의 일곱 가지 주제를 기초로 구약 성경에 대한 전체 주제를 잡았습니다. '교리편'을 아직 보지 못했더라도 '구약편'으로 먼저 가정예배를 드려도 괜찮습니다. 이미 교리적인 내용이 들어 있기 때문입니다. 구약 성경은 많은 주제를 담고 있는데, 그 중 기초가 되는 주제로 일관되게 구약 성경을 읽으며 예배할 수 있도록 했습니다. 그 일곱 가지 주제는 아래와 같습니다.

이 주제는 각 성경이 가진 문학 형식과 역사적 배경과 저자의 의도에 따라 다양한 내용으로 구성돼 있습니다. 구약 성경을 교리적 주제를 통해 본문의 원래 의도를 최대한 살릴 수 있도록 만들었습니다.

이 책은 초등학교 고학년부터 청년까지의 자녀를 둔 가정에서 함께 예배드릴 수 있습니다. 내용은 창세기부터 말라기까지 구약

39권의 핵심 내용을 담았습니다. 39권 구약 성경을 91과로 만들어 한 자리에 가족이 모여 3분 동안 기도와 말씀을 나누며 가정예배를 할 수 있습니다. 처음 3분으로 시작한 가정예배가 시간이 지날수록 더욱 풍성해지는 것을 경험하게 될 것입니다.

각 장의 구성은 아래와 같습니다.

가정예배 인도 Tip

❶ 인도자가 제목을 읽고 가족 모두 주제 말씀을 찾아 함께 읽습니다.
❷ 예배를 드린 후 관련 말씀을 각자 읽으며 주신 말씀을 새겨봅니다. 관련말씀은 가정예배를 하면서 구약 성경 1독을 할 수 있도록 구성했습니다.
❸ 인도자가 본문의 글을 읽습니다.
❹ 적용의 글은 인도자의 지목에 따라 다른 사람이 읽습니다. 적용은 예배를 드리면서 온 가족이 함께 묵상 혹은 기도할 내용, 실천할 내용을 기록해 두었습니다.
❺ 기도문은 인도자가 예배를 마무리하며 대표로 소리내어 읽으며 기도를 드립니다.
❻ 온 가족이 가정을 위해 간구할 제목을 얻을 수 있도록 구성했습니다.

가정예배 참여도를 높이는 4가지 방법

가정예배는 매우 유익한 시간입니다. 그런데 자녀들이 잘 참여하려고 하지 않습니다. 자녀를 가정예배로 이끌기 위해서는 어떻게 해야 할까요? 가정예배 참여도를 높이기 위한 네 가지 방법을 제안하면 다음과 같습니다.

첫째, 미리 시간 약속을 합니다.
아이들이라 할지라도 갑자기 가정예배를 드리자고 하면 반응이 시큰동할 수 있습니다. 마음의 준비가 되어 있지 않기 때문입니다. 따라서 최소한 일주일 전에 가정예배를 드리는 날짜와 시간을 정해서 공지해 두어야 합니다. 그리고 날짜가 다가오기 전에 2-3회 정도 미리 이야기하는 것이 좋습니다.

둘째, 장소를 준비해 둡니다.

가정예배를 거실 탁자에 둘러앉아 드릴지, 주방 식탁 의자에 앉아 드릴지 미리 생각해 두고, 시간이 되면 의자나 방석을 놓아둡니다. 아이들은 자신들을 위해 미리 준비된 장소를 보면 좋아하고 더욱 마음을 엽니다.

셋째, 하루나 이틀 전에 설명해 줍니다.

가정예배를 왜 드리는지에 대해서 미리 설명해 주는 것이 좋습니다. '우리 가정의 행복을 위해서', '우리 가정이 하나님의 은혜로 살기 위해서', '하나님께 기도하는 가정이 되기 위해서', '하나님 안에서 건강한 가정이 되기 위해서' 등 나름대로 생각해 둔 신앙적인 이유를 미리 짧게 이야기해 줍니다.

넷째, 아이들이 좋아하는 다과를 준비합니다.

아이들이 평소 좋아하는 다과를 준비해 놓고 가정예배를 드린 후에 먹는 것이 좋습니다. 더 좋은 방법은 토요일이나 주일 저녁에 한자리에 모여서 식사를 함께 하고 이어서 가정예배를 드리는 것입니다.

무엇이든 처음이 어렵습니다. 하지만 잠깐의 시간을 따로 떼어, 온 가족이 하늘의 힘을 공급받는 습관을 가지십시오. 부모와 자녀가 한자리에 앉아 성경 말씀을 읽고, 그 안에 담긴 하나님의 뜻을 배우고, 질문하고 답하고, 함께 기도하십시오.

매일 3분, 하나님을 예배할 때 풍성한 하나님의 은혜를 경험하게 될 것입니다.

왜 하나님은 성경을 주셨나요?

주제 말씀 태초에 말씀이 계시니라 이 말씀이 하나님과 함께 계셨으니 이 말씀은 곧 하나님이시니라 요한복음 1:1

 책은 문자로 기록된 지식입니다. 예를 들어, 요리책은 음식을 조리할 수 있는 지식을 전달해 주고, 음악책은 노래를 연주할 수 있는 지식을, 수학책은 수를 계산할 수 있는 지식을 전해 줍니다.

 성경은 사람들에게 어떤 지식을 전해 줄까요? 물리학? 의학? 아니요. 성경은 하나님에 대한 지식을 전해 주고 있어요. 하나님이 어떤 분이시고, 어떤 일을 하셨는지 알려 줍니다.

 성경을 통해서 하나님을 알 때, 우리는 인간에 대해서도 알 수 있습니다. 하나님에 대한 지식은 사람의 경험에서 출발할 수 없어요. 인간의 생각과 판단은 항상 오류가 있기 때문입니다.

 인간이 아무리 신비한 경험을 많이 하더라도, 자신의 힘으로 하나님과 인간 자신에 대한 진리를 발견할 수는 없어요. 우리는 완전하신 하나님께서 스스로 자신을 드러내 보여 주실 때만 진리를 알 수 있습니다. 그런데 하나님께서 진리 되심을 스스로 드러내 보여 주셨어요. 이것을 성경이 말씀하고 있는 것이죠. 또한 하나님께서 드러내 보여 주시고 알게 하시는 성경에 적힌 참된 진리는 오류가 없습니다.

 하나님께서 성경책을 우리에게 주실 때, 성경책이 하늘에서 내려오게 하지는 않으셨어요. 40여 명의 사람들을 저자로 세우시

고 그들에게 쓰게 하셨습니다. 성경 저자들이 하나님의 말씀을 쓸 수 있었던 이유는 하나님께서 그들에게 특별한 감동을 주셨기 때문이죠. 이런 감동을 '영감'이라고 하는데, 약 40명의 저자들이 하나님께서 주신 영감을 가지고 약 1,500년 동안 구약 39권과 신약 27권을 기록했지요. 놀라운 것은 66권의 성경이 통일성을 가지고 있다는 사실이에요.

또한 구약은 신약을 증거하고 신약은 구약을 증거해요. 성경 66권은 하나님을 알고 인간이 구원을 얻는 데 조금도 부족함이 없답니다.

〰️ 적용

하나님은 우리를 위해서 성경을 허락해 주셨어요. 이것은 우리를 향한 사랑이에요. 성경을 우리에게 허락하신 하나님께 감사합시다. 성경을 부지런히 배워서 하나님을 바르게 배우고 경배하고 하나님께 영광 돌리는 삶을 살 수 있게 되기를 기도해요!

기도

하나님 아버지, 하나님을 알지 못하던 인간을 위해 성경을 허락해 주셔서 감사드립니다. 하나님의 말씀을 사모하는 마음을 주셔서 말씀을 읽고 배울 수 있도록 도와주시고, 성경으로 하나님에 대한 바른 지식을 가지고 경배할 수 있는 은혜를 허락해 주옵소서.

왜 구약성경이라고 하나요?

주제 말씀 이에 모세와 모든 선지자의 글로 시작하여 모든 성경에 쓴 바 자기에 관한 것을 자세히 설명하시니라 누가복음 24:27

    결혼은 남자와 여자의 언약으로 시작됩니다. 이 언약은 서로가 평생 사랑하겠다는 약속이지요. 이 약속을 지킬 때 결혼은 평생 아름답게 유지될 수 있고 행복한 가정을 이룰 수 있습니다. 약속은 행복을 위해서 중요하답니다.

    하나님은 죄로 인해 심판받을 인간에게 한 가지 약속을 하셨습니다. 예수 그리스도를 이 땅에 보내 주겠다는 약속이지요. 이 약속대로 예수 그리스도가 오셔서 우리를 구원해 주셨습니다. 이 약속에 관한 말씀을 중심으로 성경은 두 권으로 나누어져 있습니다. 바로, 구약 성경과 신약 성경입니다.

    구약은 옛 약속이라는 의미인데, 예수 그리스도를 이 땅에 보내겠다는 약속이에요. 신약은 새 약속이라는 의미이고, 이미 하신 약속대로 예수 그리스도가 오신 후에 우리와 맺으신 새로운 약속입니다.

    구약 성경은 창세기 1장 1절에서 하나님께서 세상을 창조하시는 말씀으로 시작합니다. 창조에 관한 말씀은 인간의 창조에서 정점을 이룹니다. 하나님께서 보실 때 창조하신 모든 것 중에서 인간을 가장 아름답게 만드셨어요. 인간은 창조물 중에서 유일하게 하나님의 형상대로 지음 받은 존재였고 하나님께서는 인간에게

만물을 다스리는 권한까지 주셨습니다. 그리고는 해서는 안 될 것에 대하여 오직 한 가지를 말씀하셨습니다. 그럼에도 인간은 하나님께서 명하신 그 명령 하나를 지키지 못하고 죄를 범해 사망에 이르게 되었습니다.

하나님은 타락한 인간을 그 자리에서 바로 심판하실 수도 있었지만, 인간을 긍휼하게 여기셔서 구원에 관한 약속의 말씀을 주셨습니다. 바로 이것이 구약 성경에서 가장 중요한 주제예요. 사람들은 모두 앞으로 오실 메시아, 즉 예수 그리스도를 믿는 믿음으로 구원을 얻을 수 있습니다. 구약 성경은 사랑과 은혜가 충만하신 하나님이 죄를 범해 타락한 인간을 어떻게 구원하기로 작정하셨는지를 보여 줍니다.

적용
하나님은 옛 약속을 신실하게 이루셔서 우리에게 예수 그리스도를 보내어 주셨고, 죄로 멸망받을 인생을 살리셔서 영원한 생명으로 인도하셨어요. 우리를 위해 성경의 모든 약속을 반드시 이루시는 하나님께 감사와 영광을 올립시다.

기도
하나님 아버지, 죄를 짓고 타락한 인간을 위해서 구원을 약속해 주시고 약속하신 대로 구약 성경으로 말씀해 주시고 때가 이르매 독생자 예수 그리스도를 보내어 주셔서 감사드립니다. 우리에게 구원을 허락하시고 영원한 생명을 주신 하나님을 항상 의지하고 찬양하며 살도록 인도해 주옵소서.

창세기 1 | 모든 것의 시작

주제 말씀 태초에 하나님이 천지를 창조하시니라 창세기 1:1
관련 말씀 창세기 1장

아이가 자라면 엄마에게 묻습니다. "나는 어떻게 태어났어요?" 보통 엄마는 아빠와 사랑하고 결혼해서 낳게 되었다고 말해 주죠. 아이는 엄마의 설명을 듣고 자신이 어떻게 시작되었는지 알게 됩니다. 이처럼 사람은 누군가가 말해 주어야 자신의 시작을 알 수 있어요.

하나님은 창세기를 통해서 어떻게 모든 것이 시작되었는지를 말씀해 주십니다. 창세기는 '세상의 시작에 관한 기록'이라는 뜻입니다. 눈에 보이는 우주와 자연부터 눈에 보이지 않는 영혼까지 언제, 어떻게 시작이 되었을까요? 모든 것의 시작에 대한 답을 명쾌하게 말할 수 있는 사람이 있을까요? 모든 사람이 어떤 시대에도 항상 동의할 수 있는 정답을 말해 줄 수 있을까요? 아무리 지혜로운 사람이라도 모든 사람이 동의할 수 있는 세상의 시작에 관해서 말하기는 어렵습니다. 왜냐하면 사람의 이성과 판단은 항상 오류가 있기 때문이에요. 또 시대에 따라서 생각과 이론이 달라지기 때문이기도 하죠.

인간은 세상의 시작에 관한 이론을 모두가 동의할 수 있도록 설명할 수는 없어요. 인간 스스로 알기도 어렵지요. 그래서 하나님은 창세기로 모든 것에 관한 시작을 말씀으로 우리에게 알려 주신

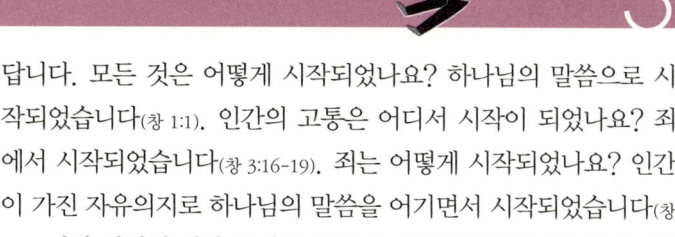

3

답니다. 모든 것은 어떻게 시작되었나요? 하나님의 말씀으로 시작되었습니다(창 1:1). 인간의 고통은 어디서 시작이 되었나요? 죄에서 시작되었습니다(창 3:16-19). 죄는 어떻게 시작되었나요? 인간이 가진 자유의지로 하나님의 말씀을 어기면서 시작되었습니다(창 3:6). 이런 죄인에 대한 구원은 어떻게 시작이 되었나요? 하나님의 약속을 따라 선택받은 사람을 통해 시작되었습니다(창 12:1-2).

하나님은 죄로 인해 어두워진 마음을 가진 우리를 위해 진리의 말씀을 알려주셨어요. 우리가 아직 하나님을 알지 못할 때에 하나님께서 우리에게 스스로를 드러내 보여 주셨지요. 그리고는 선택한 백성에게 하나님 아는 마음을 허락해 주셨습니다. 이것은 우리를 위한 놀라운 은혜입니다.

〰️ 적용

하나님께서 우리를 위해 이 세상의 시작에 관한 진리를 알려 주셨습니다. 인간 스스로 아무리 노력해도 알 수 없지만, 하나님께서 선택한 자녀에게 진리를 아는 빛을 비추어 주신 것이지요. 오직 선택한 자녀에게만 주시는 은혜입니다. 정말 놀라운 은혜이지요. 우리는 하나님께 선택받은 자녀입니다. 사랑하는 자녀인 우리가 참된 진리 가운데 걷게 하셨습니다. 이 은혜를 허락하신 하나님께 오늘 함께 감사하고 경배합시다.

🏠 기도

하나님 아버지, 죄로 인해 어두운 마음으로 진리를 알지 못하던 우리를 위해 말씀으로 이 모든 것의 시작과 근원을 알려 주셔서 감사합니다. 모든 것은 하나님으로 시작되었으니 하나님께서 이끌어 가실 줄 믿고 나의 모든 것을 맡깁니다.

창세기 2 | 하나님은 창조주, 인간은 피조물입니다

주제 말씀 여호와 하나님이 땅의 흙으로 사람을 지으시고 생기를 그 코에 불어넣으시니 사람이 생령이 되니라 창세기 2:7
관련 말씀 창세기 2장

'자연'이라는 말은 '스스로 그러하다'라는 뜻을 가지고 있지요. 원래부터 그러했다는 뜻입니다. 그렇다면 인류는 어디서 시작되었을까요? 과학자들은 수많은 화석을 통해서 인류의 기원을 찾고 있습니다. 최근 2013년에는 "호모 날레디"라는 인류의 새로운 종을 발견했지요. 그것으로써 기존의 인류 기원 학설에 의문을 제기했어요. 시간에 따라 학설은 계속해서 변합니다. 과학은 인류의 기원에 관하여 누구나 동의할 수 있는 답을 내놓지 못하고 있지요. 과연, 인간의 지식으로 인류의 기원을 찾을 수 있을지 의문입니다.

사람은 그 처음이 어떻게 어디서부터 생겨났는지 그 시작을 명쾌하게 설명할 수 없습니다. 그러나 하나님은 이 모든 것이 어떻게 생겨났는지 말씀하고 있습니다.

성경은 인간의 시작에 대해 어떻게 이야기하고 있는지 알고 있나요? 바로, 하나님께서 하나님을 닮은 존재로 창조하셨다고 말씀합니다. 인간은 인격적인 존재로서 선과 의와 진리 가운데서 자신의 자유의지로 무엇이든지 선택할 수 있었어요. 그런데 한 가지 기억해야 할 사실이 있었습니다. 하나님은 창조주이시며 인간은 지음 받은 피조물이라는 사실입니다.

4

창조주 하나님께서 선악과를 에덴동산 중앙에 두시고 피조물인 사람에게 선악과를 먹지 말라고 금지하셨어요. 선악과를 동산 중앙에 두신 이유는 하나님의 말씀이 선과 악의 기준일 뿐만 아니라 삶의 기준이기 때문이었습니다.

인간은 하나님의 말씀을 지키고 하나님과 함께할 때 참된 행복을 누릴 수 있어요. 이사야서에는 하나님께서 우리를 만드신 목적에 대해 이렇게 나와 있습니다. "이 백성은 내가 나를 위하여 지었나니 나를 찬송하게 하려 함이니라"(사 43:21).

인간은 다른 피조물과는 다르게 하나님의 형상으로 지어졌기 때문에 하나님의 영광을 비추는 거울로 살아야 해요. 이렇게 사는 것이 인간에게 가장 행복한 삶의 길이랍니다.

적용

우리가 행복하게 사는 길은 무엇일까요? 그것은 하나님께서 원래 우리를 만드신 목적에 따라 사는 것입니다. 인간의 욕심이 앞서서 삶의 가치와 기준이 될 때 불행은 시작됩니다. 오늘 예배하며 함께 하나님의 형상으로 만들어 주셨음에 감사하고 그 형상에 따라 살기로 고백하기 바랍니다. 거룩하고 선하고 참되고 정의롭게 살기로 다짐하고 고백해 봅시다.

기도

하나님 아버지 감사합니다. 우리를 지으시되 자유의지를 가진 인격으로 지어 주셔서 감사합니다. 하나님께 예배하며 말씀대로 순종하는 백성이 되게 하셔서 평안과 기쁨 가운데 살 수 있도록 인도해 주옵소서.

창세기 3 | 고통의 문제는 어떻게 시작되었나요?

주제 말씀 여자가 그 나무를 본즉 먹음직도 하고 보암직도 하고 지혜롭게 할 만큼 탐스럽기도 한 나무인지라 여자가 그 열매를 따먹고 자기와 함께 있는 남편에게도 주매 그도 먹은지라 창세기 3:6

관련 말씀 창세기 3장 1-13절

인간은 누구나 크고 작은 고통을 경험하지요. 때로는 신을 원망하기도 합니다. 지금도 세상은 전쟁과 기근의 고통 가운데 있습니다. 이 모든 고통은 어디서 시작되었을까요?

창세기 3장에서 하나님은 인간의 고통이 죄에서 비롯되었다고 말씀하고 있습니다. 죄가 들어오면서 죽음이 시작되었죠. 죽음은 인간이 당할 수 있는 고통 중에서 가장 큰 고통이에요. 우리는 가까운 사람의 죽음 앞에서 슬퍼하지 않을 수 없습니다. 때로는 죽음에 대한 두려움이 인생을 지배하기도 합니다.

고통을 가져온 이 죄는 선악과에서 시작된 것이 아닙니다. 선악과에 대한 말씀에 불순종한 것에서 시작된 것이죠. 선악과는 하나님께서 인간을 힘들게 하려고 주신 시험거리가 아닙니다. 인간은 수많은 자유 중에 단 한 가지, 금지 명령만 순종하면 영원히 하나님을 기쁘게 예배하며 평안한 가운데 살 수 있었습니다. 그러나 인간은 뱀의 유혹을 받고 자신의 욕심을 참지 못해 결국 자신의 의지적인 결단으로 선악과를 먹고 말았습니다.

이미 하나님은 선악과를 먹으면 반드시 죽게 된다고 강조하셨어요. 인간은 이 말씀을 충분히 알고도 순종하지 않았습니다. 선악과를 먹은 것은 하나님 때문이 아니라, 인간의 선택이었습니다. 그렇기 때문에 불순종한 죄의 책임은 하나님이 아니라, 인간에게 있습니다.

이후에 아담의 후손은 죄에 오염되어 실제로 각종 범죄를 저지르게 됩니다. 또 이 죄악은 피조물에게까지 영향을 미쳤지요. 로마서 8장 22절은 피조물도 탄식을 하고 있다고 말씀하고 있어요.

죄는 하나님과 하나님의 말씀을 거부하는 것입니다. 그 죄로부터 인간을 사망과 저주 그리고 심판에 이르게 하는 것이 시작되고 모든 고통이 시작됩니다.

적용
고통은 모두 인간이 지은 죄에서 시작되었어요. 하나님은 이 고통을 불쌍히 여기셔서 독생자 예수 그리스도를 보내어 구원의 길을 열어 주셨어요. 사랑하는 자녀를 선택하셔서 사망을 이기고 영원한 생명을 주셨지요. 죄로 신음하는 세상에서 우리를 구원하시고 영원한 생명을 주신 하나님께 감사와 경배를 올려 드립시다.

기도
하나님 아버지, 우리는 본질상 진노의 자녀인데 그런 우리를 용서하기 위해 독생자 예수 그리스도를 보내 주신 그 놀라운 사랑에 감사드려요. 그 은혜로 인해 우리가 하나님과 다시 화목할 수 있게 되었습니다. 친히 그 길을 열어 주셔서 감사합니다.

창세기 4 | 구원은 어떻게 시작되었나요?

주제 말씀 내가 너로 여자와 원수가 되게 하고 네 후손도 여자의 후손과 원수가 되게 하리니 여자의 후손은 네 머리를 상하게 할 것이요 너는 그의 발꿈치를 상하게 할 것이니라 하시고 창세기 3:15
관련 말씀 창세기 3장 14-24절

사람은 태어나서 죽을 때까지 많은 고통을 경험하죠. 세상에는 질병과 사고와 전쟁과 기근 등의 많은 고통이 있고, 어떤 고통도 없는 인생은 없습니다. 사람은 세상의 많은 학문과 이론을 통해 고통을 줄이기 위해 노력했지만 역사 가운데 사람이 했던 어떤 시도도 고통의 문제를 해결할 수 없었어요.

오직 하나님만이 고통의 문제를 해결하실 수 있습니다. 선악과를 먹고 난 이후 아담은 불순종의 대가로 하나님께 저주를 받아 비참한 상태에 이르게 되었습니다. 그러나 하나님은 아담이 사망에 이르고 영원한 심판을 받도록 내버려 두지 않으셨어요.

하나님께서는 언약을 맺어서 구원의 길을 열어 주셨어요. 범죄 한 인간을 구원하는 방법은 하나님의 언약이었습니다. 범죄 한 인간과 언약을 다시 맺으심으로 구원에 대한 약속을 하신 것이죠. 그 약속은 인간의 죄에 대한 대가로 인간 대신에 죽으시고 심판받게 되실 그리스도에 대한 것이었습니다.

아담이 범죄 한 직후 하나님은 여자의 후손(창 3:15)에 대한 약속의 말씀을 주셨어요. 여자의 후손은 단 한 사람, 예수 그리스도를 가리킵니다. 예수님을 통해 사탄을 멸하시고 범죄 한 인간을 구원해 주겠다고 약속해 주셨어요. 아담은 물론 그 이후에 태어나는 자손은 앞으로 오실 여자의 후손 즉, 그리스도를 믿는 믿음 가운데 구원을 얻을 수 있게 되었습니다. 하나님은 아담에게 가죽 옷(창 3:21)을 지어 입히시며 그리스도를 통한 구원이라는 복음을 허락해 주셨습니다. 이 구원의 약속은 하나님의 크신 사랑으로 이루어졌습니다.

범죄 한 인간이 당하는 고통은 이 세상에서 끝나지 않아요. 죽고 나서 심판을 받고 영원히 지속됩니다. 그러나 하나님께서 선택한 자녀는 오직 하나님의 은혜로 대신 제물이 되어 주신 예수님을 의지하여 구원을 받고, 결국에는 이 세상에서 받는 고통에 대하여 위로를 받습니다.

그리스도에 대한 언약을 통해 인간을 구원하기로 작정하셔서 구원의 길을 열어 주신 하나님께 감사와 찬양을 올려드립시다.

적용

이 땅에서 고통은 잠시 잠깐이요, 하나님 앞에서 행복은 영원합니다. 이 땅에서 현재 고통 가운데 있다면, 하나님의 위로가 있기를 구하고 하나님과 영원히 함께할 시간을 소망하고 기대합시다.

기도

하나님 아버지, 이 세상은 고통스럽지만, 선택받은 우리에게 때마다 위로와 힘과 능력을 공급해 주셔서 감사합니다. 항상 하나님의 은혜가 우리에게 충만하여, 하나님께서 주시는 위로를 누리고, 현재 이 세상의 것보다 장차 영원히 누리게 될 기쁨을 소망할 수 있게 도와주옵소서.

창세기 5 | 언약을 지키시는 하나님

주제 말씀 여호와께서 아브람에게 이르시되 너는 너의 고향과 친척과 아버지의 집을 떠나 내가 네게 보여 줄 땅으로 가라 창세기 12:1
관련 말씀 창세기 4-12장

많은 이들에게 신뢰받는 사람이라면 그가 하는 말에는 믿음이 가지요. 또한 어떠한 일도 그에게는 안심하고 맡길 수 있어요. 약속을 잘 지키기 때문입니다. 하나님을 신뢰할 수 있는 이유도 마찬가지입니다. 하나님은 어떤 말씀이든지 하나님께서 한 말씀은 지키고 이루시기 때문이죠.

아담의 후손들은 번성해 가면서 하나님의 약속을 믿지 못하고 하나님을 대적하는 삶을 살았답니다. 결국 그들은 하나님의 심판을 받을 수밖에 없었고 하나님은 홍수 심판과 바벨탑의 심판을 내리셨어요.

인간은 끊임없는 죄악 가운데 하나님의 말씀대로 사는 데 실패했습니다. 하지만 하나님은 구원의 약속을 이루기 위해서 한 사람을 선택하시고 큰 민족을 이루어 세계 열방이 하나님께 돌아오는 계획을 약속해 주셨습니다. 이를 위해서 하나님은 아브라함이라는 사람을 선택하셨죠. 그에게 믿음을 허락하심으로 구원을 위한 약속을 시작하셨습니다.

하나님께서 아브라함을 향해 '너는 복이 될지라'(창 12:2)라고 하신 말씀은 하나님의 강력한 의지이며 확실한 언약이었어요. 하나님께서 선택하시고, 약속하시고, 선포하셨기 때문에 아브라함은 이 은혜에서 벗어날 수 없었습니다.

아브라함은 하나님의 약속을 믿지 못하는 부족한 모습을 여러 번 보였어요. 그때마다 하나님께서는 당신의 약속을 상기시키시며 아브라함이 믿음을 가질 수 있도록 말씀해 주셨어요. 결국 아브라함은 하나님의 약속에 대한 확신을 가지고 아들 이삭을 제물로 바칠 수 있는 믿음에 이르기까지 성장하게 되었답니다.

하나님은 한 사람을 선택해서 구원의 역사를 시작하셨어요. 사람이 위대해서가 아니에요. 전능하신 하나님의 약속은 실패가 없으며, 그 약속의 말씀에 근거해서, 하나님께서 구원을 이루어 가십니다. 또한 하나님의 약속과 언약은 절대 변하지 않아요. 하나님은 반드시 이루고야 마십니다.

≈ 적용

아브라함에게 주신 '복이 될지라'하는 말씀은 곧 우리에 대한 말씀이에요. 선택한 백성을 복되게 하실 하나님을 의심 없이 믿는 확신 가운데 거합시다. 하나님의 말씀만 온전히 믿고 의지하길 다시 한번 기도해요!

기도

하나님 아버지, 감사합니다. 우리의 연약함에도 불구하고 하나님의 신실함 때문에 약속하신 바를 지키며 당신의 섭리를 통해 이루어 가심을 감사드립니다. 어떤 환경에 있어도 신실하신 하나님만 의지하며 소망 가운데 살게 도와주옵소서.

창세기 6 | 선택한 자녀의 인생길을 인도하세요

주제 말씀 그런즉 나를 이리로 보낸 이는 당신들이 아니요 하나님이시라 창세기 45:8
관련 말씀 창세기 13–50장

 은혜는 연약한 사람에게 베푸는 혜택이에요. 사람은 여러 사람의 은혜를 받고 성장하지요. 아이는 부모의 은혜를 받고 자라며, 학생은 스승의 은혜로 배움을 얻습니다. 사람이 건강하게 성장하기 위해서는 이렇게 많은 사람의 은혜가 필요해요.

 하나님은 선택한 사람에게 많은 은혜를 베풀어 주십니다. 선택받은 사람이 훌륭해서 하나님의 약속을 지키고 순종하는 것이 아니라, 하나님께서 수없이 기다려 주시고, 다시 말씀해 주시고, 품어 주시기 때문에 그 은혜로 믿음이 성장하는 것이지요.

 아브라함, 이삭, 야곱은 선택받은 자녀였습니다. 하나님께서 한 가족을 통해서 하나님의 계획과 약속을 이루어 가십니다. 이 약속을 받은 이들은 하나님 앞에서 살아가면서, 믿는 일에 많은 오류와 실패를 거듭하지요. 아브라함은 아내를 누이라고 두 번이나 속이면서, 하나님의 자녀에 대한 약속을 지키지 못할 위기를 겪었습니다. 또 아내인 사라가 아니라 여종 하갈을 통해서 자손을 이어 가려고 하는 실수도 범합니다. 그러나 하나님은 아브라함의 실패에도 불구하고 다시 나타나셔서 말씀하시고, 약속하시며, 믿음 가운데 살아가도록 은혜를 베풀어 주십니다.

 아브라함뿐만 아니라 이삭과 야곱도 하나님의 말씀에 순종하며 따르는 일에 실패를 하기도 했지만, 하나님은 크신 은혜로 당신이 선택한 자녀를 포기하지 않고 끝까지 인도해 가십니다.

하나님은 왜 이들의 연약함에도 불구하고 은혜를 베푸시며 인도해 가실까요? 그 이유는 하나님의 신실함 때문입니다. 약속하신 말씀에 대해서 하나님께서 책임지고 이끌어가십니다. 하나님은 선택한 자녀를 포기하지 않습니다. 선택한 자녀들이 실패하고 넘어지고 시험에 빠진다고 하더라도, 돌이킬 수 있는 기회를 허락해 주십니다. 구원의 주체는 하나님이시기 때문입니다. 하나님의 신실하심을 찬양하고 높여드립시다.

적용

신실하신 하나님께서는 선택한 자녀를 끝까지 책임지십니다. 하나님의 자녀가 어떤 고난을 당하더라도, 믿음이 떨어지지 않게 붙들어 주십니다. 지금 어떤 두려움과 불안 속에 있나요? 우리의 불안과 두려움보다 훨씬 크신 하나님께서 우리를 붙들고 계심을 확신하세요. 앞으로 우리의 인생을 붙들고 인도해 가실 하나님을 믿고 의지합시다.

기도

하나님 아버지, 감사합니다. 우리를 구원하시고 자녀 삼아 주셔서 감사합니다. 우리의 연약함에도 불구하고 끝까지 사랑하시며 인도하심에도 감사를 드려요. 그 은혜를 생각할 때마다 모든 근심과 불안은 떠나가고 하나님 안에서 참 평안을 누릴 수 있음을 고백합니다.

출애굽기 1 | 애굽에서 나와서 하나님의 백성이 되어요

주제 말씀 하나님이 모세에게 이르시되 나는 스스로 있는 자이니라 또 이르시되 너는 이스라엘 자손에게 이같이 이르기를 스스로 있는 자가 나를 너희에게 보내셨다 하라 출애굽기 3:14
관련 말씀 출애굽기 1~4장

출애굽기는 '이스라엘 백성이 애굽(이집트)을 탈출하는 내용에 관한 기록'이라는 뜻입니다. 이스라엘 백성은 왜 애굽을 탈출해야 했을까요?

창세기는 야곱의 가족이 요셉이 총리가 된 애굽으로 내려가서 정착하는 이야기로 마무리가 됩니다. 세월이 흘러 요셉을 알지 못하는 바로가 왕위에 오르게 되는데 왕은 너무 많아진 이스라엘 민족에게 위협을 느끼고 이스라엘 민족을 압제하기 시작해요. 강제 노동을 시키고, 남자 아기를 죽이라는 명령까지 내립니다.

하나님께서 큰 고통을 당하는 이스라엘 민족의 간구를 들으시고, 모세라는 지도자를 세우셔서 그들을 구원하십니다. 구원하시는 과정에서 하나님은 마지막 장자의 재앙을 피할 방법을 알려 주십니다. 어린양의 피를 문설주와 인방에 바른 집은 심판을 하지 않겠다고 하신 것이죠. 이스라엘 백성은 그 말씀에 순종하여 장자를 지키고 구원을 받을 수 있었습니다. 이것을 기념한 것이 바로 유월절이에요. 이 절기는 장차 오실 예수 그리스도의 구원 원리를 상징적으로 보여 준답니다.

이렇게 구원받은 이스라엘 민족은 광야 시내산에서 하나님과

공식적인 언약을 맺습니다. 이제 하나님 나라의 백성으로서 지켜야 할 법을 받게 되는데, 이것이 율법이고 그것을 요약한 것이 십계명입니다. 출애굽기 하반부 20-40장은 율법과 성막 건축에 대한 말씀입니다. 그것을 통해 하나님 나라의 백성이 지켜야 할 중요한 예배에 관한 말씀을 상세하게 알려 주셨습니다.

하나님은 노예 된 민족으로 고통 가운데 살던 백성을 불러내어 자기 백성으로 삼으시고 하나님께 예배를 드릴 수 있는 길을 만들어 주셨습니다. 하나님과 인간의 관계는 죄로 단절되었지만 하나님께서 먼저 선택하시고 불러 주신 백성을 통해서 하나님은 구원의 길을 열어 주셨습니다. 하나님은 회복된 개인과 공동체와 사회, 그리고 민족에 대한 소망을 가질 수 있게 하셨습니다.

≈ 적용

하나님은 당신께서 선택한 자녀들이 고난을 당하는 것을 방치하지 않으세요. 부르짖음을 들으시고 하나님의 때에 놀랍게 역사하십니다. 나에게 혹은 가정에 닥쳐온 고난과 어려움이 있다면 하나님께 맡깁시다. 전능하신 하나님께서 하나님의 때에 회복의 길을 열어 주실 것입니다.

기도

하나님 아버지, 고난 중에 있는 자녀를 이끌어 주심에 감사드립니다. 애굽에서 고난받던 이스라엘 민족을 불러내셨듯이, 우리를 사탄의 속박에서 벗어나게 하시니 감사합니다. 이 땅에서 오는 여러 고난 가운데서도 피할 길을 내어 주시고, 힘과 능력을 더해 주옵소서. 하나님께서 선한 뜻과 계획 가운데서 우리를 인도하실 것을 믿습니다.

출애굽기 2 | 선택한 백성과 맺으신 하나님의 약속

주제 말씀 너희가 내게 대하여 제사장 나라가 되며 거룩한 백성이 되리라 너는 이 말을 이스라엘 자손에게 전할지니라 출애굽기 19:6
관련 말씀 출애굽기 5-19장

애굽에서 큰 민족을 이룬 이스라엘 백성은 애굽의 왕 바로에 의해 고통을 받습니다. 애굽의 성을 짓는 일에 강제로 동원해서 괴롭게 할 뿐만 아니라, 모세가 태어날 당시 남자 아기를 모두 죽이는 학살까지 저질렀어요.

이런 비참한 상황에서 이스라엘 백성이 하나님께 부르짖자 하나님은 모세를 준비시켜 이스라엘의 지도자로 세우십니다. 하나님은 출애굽을 위한 재앙을 애굽에 내리기 시작합니다. 열 가지 재앙은 애굽의 열 가지 우상을 상징하는데요, 하나님이 그 우상에 대하여 모두 심판하신 것이죠.

특별히 마지막 재앙은 장자를 죽이는 심판이었어요. 하나님은 어린양의 피를 문지방과 인방에 바름으로 구원을 받게 하셨는데요, 이를 통해 생명의 주인은 하나님이시라는 것을 드러내시고 이스라엘을 구원하십니다. 또 이스라엘의 생명을 구원하신 하나님만이 참된 왕이신 것을 나타내신 것이죠.

이제 이들의 생명은 자신들의 것이 아니라, 하나님의 소유가 되었어요. 이렇게 하나님과 언약을 맺음으로 공식적인 왕과 백성의 관계가 됩니다. 하나님은 백성의 왕으로서 통치하시며, 이스라엘은 이제 하나님의 친백성이 되어 하나님의 법에 순종해야 했습니다. 하나님께서 당신의 백성에게 주실 가나안 땅을 향해서 나아가게 되는 것이죠. 유목민에 불과한 이스라엘이 어엿한 하나의 나라로 새롭게 출발을 하게 됩니다.

유목 민족으로 노예 생활을 하던 이스라엘 백성은 하나님 안에서 새로운 백성된 신분으로 하나님 나라의 백성된 지위를 누릴 수 있게 되었습니다. 광야의 길은 험하고 먹을 것이 없었지만, 하나님은 왕으로서 당신의 백성을 쉴 수 있는 길로 인도하시고, 만나와 메추라기로 하루도 빠짐없이 먹이며 돌보셨습니다. 하나님은 자기 백성을 반드시 책임지시고 돌보십니다. 이것은 값없이 주시는 놀라운 은혜이며 사랑입니다.

적용

우리는 하나님의 친백성입니다. 하나님은 선택한 백성의 모든 일상을 책임져 주시고 인도하십니다. 지금 이 자리에 우리 가정에 함께하십니다. 우리 가정이 겪는 모든 어려움을 알고 계십니다. 하나님께 우리 형편을 아뢰고 도우심과 채워 주심을 구합시다. 하나님은 자기 백성을 반드시 인도해 가십니다.

기도

하나님 아버지, 감사합니다. 우리는 백성 될 자격이 없지만, 놀라운 은혜와 사랑으로 백성 삼아 주셔서 때를 따라 도와주시고 돌보시며 사랑을 베풀어 주셔서 감사드립니다. 이 은혜를 날마다 감사하고 찬양하며 살아가도록 도와주옵소서.

출애굽기 3 | 하나님을 향한 사랑의 표현, 예배

주제 말씀 내가 거기서 이스라엘 자손을 만나리니 내 영광으로 말미암아 회막이 거룩하게 될지라 출애굽기 29:43
관련 말씀 출애굽기 20-35장

하나님이 이스라엘 백성을 애굽에서 구원하신 가장 중요한 이유는 무엇일까요? 그것은 예배입니다. 하나님이 창조주이신 것과 만왕의 왕이신 것을 고백하는 것이 예배예요. 또한 예배는 하나님께 경배하며 영광을 올려 드리는 모습 그 자체이지요. 하나님은 모세에게 말씀하셨듯이 스스로 계신 분이에요. 그렇기에 영광과 찬양을 받기에 합당하십니다. 하나님이 무언가가 부족해서 사람의 경배를 받으셔야 하는 것이 아니에요. 그 영광이 충만해서 그 영광의 반영으로 인간을 지으신 것입니다.

인간의 본래 제일된 목적은 하나님을 영화롭게 하고 즐거워하는 것입니다. 그렇기에 인간은 하나님의 영광스러움을 드러내는 존재로 살 때 참된 행복과 자유를 누릴 수 있습니다. 그러나 인간은 타락의 결과로 하나님을 찾지도, 경배하지도 않았습니다. 그것을 안타깝게 여기고 슬퍼하신 사랑의 하나님은 인간이 하나님의 형상을 회복하기를 원하셨어요. 사람이 본래 지어진대로 하나님을 경배하고 예배하는 자가 되기를 원하셨죠. 그것을 위해서 이스라엘 민족을 선택하시고 구원하신 거예요.

그래서 출애굽한 백성에게 가장 중요한 말씀은 다름 아닌, 예배와 예배하는 자가 살아야 하는 법에 관한 것이었지요. 그에 해당

하는 부분이 출애굽기의 절반을 차지하는 20-40장 말씀입니다.

또 레위기 말씀도 백성에게 중요한 말씀입니다. 하나님을 바르게 알고, 하나님을 바르게 경배하고, 말씀대로 살아야 하는 것이 백성의 삶에서 가장 중요한 가치였습니다. 성소와 제사에 관한 규례, 성막에 대한 자세한 규정, 제사장에 관한 규정은 예배를 어떻게 드려야 할지에 대해서 하나님이 친히 알려 주신 거예요. 하나님이 알려 주신대로 예배할 때, 하나님은 백성의 경배를 받으시고 말씀하시며 죄를 용서해 주십니다. 하나님과 바른 관계를 통해서 제사장 나라로서 열방을 향한 구원의 사명을 감당할 수 있습니다.

하나님은 친히 하나님과 올바른 관계를 맺을 수 있는 법을 알려 주십니다. 이 은혜에 대한 감사의 표현과 고백으로서 백성다운 삶을 살 수 있게 알려 주신 법이 바로 십계명의 말씀이지요.

적용

우리가 하나님 앞에서 해야할 가장 중요한 일은 예배예요. 그렇기에 토요일부터 마음으로 준비해야 합니다. 전심을 다해 드리는 예배가 하나님에 대한 사랑의 표현입니다. 주일예배 시간을 더욱 소중히 생각하고 또한 삶으로 예배를 올려 드립시다.

기도

하나님 아버지, 진리에 관하여 무지한 우리에게 하나님을 아는 지식을 허락하시고 하나님이 백성이 되는 법을 친히 알려 주셔서 감사합니다. 하나님이 말씀하신 바에 따라 하나님을 기뻐하며 섬기고 예배할 수 있도록 도와주옵소서.

출애굽기 4 | 하나님이 거하시는 성막

주제 말씀 그들이 회막에 들어갈 때와 제단에 가까이 갈 때에 씻었으니 여호와께서 모세에게 명령하신 대로 되니라 출애굽기 40:32
관련 말씀 출애굽기 36~40장

하나님은 당신의 백성에게 예배할 수 있는 장소를 말씀해 주셨어요. 이동 생활을 하는 백성을 위해 텐트처럼 세우고 다시 해체할 수 있는 이동식 예배 처소, 즉 성막을 짓도록 말씀하셨습니다.

이 성막에 대해서 하나님은 시내산 언약을 맺으며 어떻게 지을지 성막의 설계도를 상세하게 알려 주셨습니다. 성막은 말뚝에 연결된 하얀 세마포 천으로 둘러쳐져 있었어요. 동쪽이 출입구인데 들어가면 성막이 있습니다. 성막 앞에 뜰이 있는데, 이 공간에는 놋제단과 놋대야(물두멍)가 있었지요. 뜰을 지나면, 높이 4.5m의 성막이 있는데, 창문이 없는 두 개의 방으로 구성되어 있습니다. 바로 성소와 지성소입니다. 성막의 벽은 금을 입힌 조각목으로 만든 널판으로 세워져 있습니다. 이 널판들은 은받침에 물려 있어요. 지붕은 네 겹으로 두 개의 천과 두 개의 가죽으로 덮여 있습니다. 성막 안으로 들어가면 먼저 성소가 나옵니다. 성소에는 진설병 상, 등잔대, 향단이 있으며 더 안쪽에 자리잡은 지성소에는 언약궤와 속죄소가 있습니다.

이 성막에서 예배를 위해서 봉사하는 제사장은 구별된 레위 사람으로서 그들의 옷은 겉옷과 속옷에 대한 규정이 있었어요. 겉옷 위에 입는 앞치마처럼 생긴 에봇이 별도로 있었습니다. 하나님은 특별히 설계하신 성막에 임재하셔서 제사장의 섬김을 통해서 백성과 만나서 함께하고 말씀하셨습니다.

원죄를 가지고 태어난 인간은 하나님을 찾지도 않으며 하나님께 나오는 방법조차 알지 못해요. 하나님이 직접 예배 방법을 알려 주시지 않는다면, 죄인은 하나님을 만날 수 없습니다. 하나님께서 그런 우리를 선택해 부르시고 예배 가운데 초대해 주셨고, 또 예배하는 법을 자세히 알려 주셨습니다.

신약시대는 성막의 기능과 역할을 예수 그리스도께서 대신 하셨습니다. 그것으로 인하여 예수 그리스도를 믿는 모든 백성은 어디서나 하나님께 예배를 드릴 수 있게 되었어요. 또한 예수님께서 우리의 중보자가 되어 주십니다. 우리는 예수님의 피를 힘입어 담대하게 하나님께 나 자신과 우리의 죄를 고백하고 간구와 소원을 아뢸 수 있는 은혜를 입었습니다.

적용

예배를 드릴 때마다 우리를 불러 주시고, 만나 주시고, 정결케 하시며, 말씀으로 진리의 빛을 비추어 주시는 은혜를 감사합시다. 하나님을 온전한 마음으로 경배합시다.

기도

하나님 아버지, 친히 죄인들이 하나님 앞에 나올 수 있는 규례와 법도를 알려 주심에 감사드립니다. 이제 우리가 예수 그리스도의 피를 통해 하나님 앞에 담대히 나올 수 있게 되었습니다. 예수 그리스도의 이름으로 하나님 앞에 우리의 소원과 간구를 아뢸 때, 들어 응답해 주시고 무한한 사랑을 알게 하옵소서.

레위기 1 | 하나님의 자녀답게 사는 법

주제 말씀 여호와께서 시내 광야에서 이스라엘 자손에게 그 예물을 여호와께 드리라 명령하신 날에 시내산에서 이같이 모세에게 명령하셨더라 레위기 7:38
관련 말씀 레위기 1~7장

레위기는 레위 지파 사람들의 이름을 따라 붙여진 이름입니다. 레위 지파의 유래는 야곱의 열두 명의 아들 중에 한 사람인 '레위'로부터 시작되었어요. 레위는 여동생 디나의 복수를 위해 언약을 맺었던 세겜 사람들을 학살하는 일을 저지릅니다. 그 일 때문에 아버지 야곱은 임종 직전에 레위에게 저주의 기도를 했지요. 이스라엘 민족 가운데서 기업을 얻지 못하고 흩어지게 될 것이라는 저주였어요. 그러나 하나님은 이를 선으로 바꿔, 흩어져서 하나님을 예배하는 구별된 지파로 삼으셨습니다.

레위 지파 사람들은 오직 하나님께 예배를 드리는 것과 성막을 섬기는 사명으로 부름을 받았어요. 그렇기 때문에 다른 지파와 달리 땅을 기업으로 받지 못하고 하나님이 그들의 기업이 되셨지요.

레위기는 하나님께 나와 예배하는 방법인 제사법과 1년 중에 지켜야 할 절기들과 백성의 거룩한 삶에 대한 법을 다루고 있어요. 레위기를 읽을 때 규정과 절기와 법에 대한 내용은 구약시대 이스라엘 백성의 삶에서 가장 핵심적인 내용이랍니다.

백성이 죄악된 세상에서 살아가기 위해 가장 중요한 것은 하나님 앞에서 거룩한 삶을 사는 것입니다. 그것을 위해 하나님은 백성이 드려야할 제사를 알려 주셨어요. 이를 통해 죄를 대신하여

희생 당하는 대속의 은혜를 입어 하나님과의 관계를 새롭게 하도록 했습니다. 또한 해마다 지켜야 하는 일곱 번의 절기를 통해서는 하나님의 구원과 돌보심의 은혜를 온 백성이 기억하게 했어요. 모두 율법의 말씀에 순종하며 거룩하게 살기 위함이었어요.

이렇게 구별된 모습으로 사는 핵심적인 원리를 레위기에서 전하고 있기에 레위기가 모세오경 중에 중앙에 위치해 있는 것이죠. 하나님과의 관계는 이스라엘 민족이 살아가는 데 가장 중요한 문제였습니다.

적용

하나님이 우리에게 거룩을 요구하십니다. 하나님은 완전한 빛이요 거룩이시므로 하나님 앞에 거룩해야 온전히 예배할 수 있습니다. 오늘 함께 예배드리면서, 하나님 앞에서 거룩하지 못한 모습과 죄악된 모습이 무엇인지 깨닫는 은혜를 구하고 용서를 구합시다.

기도

하나님 아버지, 감사합니다. 우리가 죄악 가운데 있었지만 우리를 불러 주셔서, 예수 그리스도께서 우리를 대신하여 고난 당하심으로 우리가 죄사함을 받는, 대속의 은혜를 허락해 주시니 감사드립니다. 이 은혜를 의지하여 하나님께 가까이 나와 우리의 소원을 아뢰고 의지할 때 예비하신 은혜를 베풀어 주옵소서.

레위기 2 | 구약시대의 예배

주제 말씀 나는 너희의 하나님이 되려고 너희를 애굽 땅에서 인도하여 낸 여호와라 내가 거룩하니 너희도 거룩할지어다 레위기 11:45
관련 말씀 레위기 8-11장

레위기는 하나님 앞에 어떻게 예배해야 할지에 대하여 제사를 통해서 보여 주고 있습니다. 이 제사는 신약시대에 오실 예수 그리스도를 통한 하나님과의 관계 회복을 상징하고 거룩한 삶을 미리 보여 주는 것이지요.

이스라엘 백성이 하나님 앞에 예배로서 드리는 제사는 모두 다섯 가지입니다. 번제, 소제, 화목제, 속죄제, 속건제입니다.

번제는 제물을 완전히 태우는 제사예요. 이것은 죄의 용서를 구하는 제사로, 태워지는 제물로 인하여 자신의 죄가 용서받을 뿐 아니라, 자신이 하나님 앞에 향기로운 제물로 드려진다는 고백의 제사지요. 번제는 예수 그리스도의 헌신을 상징한답니다.

다음으로 소제는 곡식 가루로 드리는 제사예요. 하나님께 감사하며 선한 결심을 지키고 거룩한 삶을 다짐하는 제사입니다.

다음은 화목제인데요, 이 제사는 '교제하는 제사'라고 불려요. 번제나 소제와 달리 의무가 아니라, 자원하는 제사입니다. 이 때 드리는 제물은 하나님께도 드려지지만, 제사장과 이웃들과도 나눈답니다. 하나님과 제사장, 이웃, 예배하는 자가 함께 화목하게 하는 제사예요.

다음은 속죄제와 속건제예요. 이 두 제사는 죄를 지었을 때 드

리는 것으로, 제사장도 예외가 없지요. 어떤 계명을 하나라도 어기면 속죄제, 속건제를 드림으로써 죄로 인해 하나님과 깨진 관계를 회복해야 했습니다. 속죄제는 하나님과의 관계 회복을 위한 제사이고, 속건제는 이웃과의 관계를 회복하기 위한 제사예요. 속죄제와 속건제는 예수 그리스도의 희생을 상징합니다. 이 모든 것은 예수님을 나타내요. 예수님이 친히 제물이 되셔서, 우리가 하나님과 화목하고 이웃과 화목하게 되었습니다.

〰️ 적용

신약시대에는 구약시대와 같은 제사는 지내지 않아요. 예수님이 우리를 위한 제물이 되셨기 때문이에요. 이제 우리는 예수 그리스도의 피를 의지해 하나님께 기도하고 예배할 수 있게 되었어요. 예수님의 보혈을 의지하며 하나님 앞에서 거룩한 심령이 되도록 합시다. 또한 그 이름을 의지해서 하나님을 찾을 때 하나님이 우리에게 은혜와 복을 허락해 주실 것입니다.

기도

하나님 아버지, 예수 그리스도의 보혈을 의지하여 예배할 수 있도록 인도해 주심에 감사드립니다. 이제 우리는 예수 그리스도의 피를 의지함으로 하나님을 경배하고, 이웃과 화목할 수 있게 되었습니다. 항상 그 피를 의지함으로 하나님께 감사로 나와 예배하고 그 이름을 높여 드릴 수 있도록 도와주소서.

레위기 3 | 하나님의 인도하심을 기억하고 기념해요

주제 말씀 너는 이스라엘 자손의 온 회중에게 말하여 이르라 너희는 거룩하라 이는 나 여호와 너희 하나님이 거룩함이니라 레위기 19:2
관련 말씀 레위기 12–27장

레위기는 이스라엘 백성이 해마다 지켜야 하는 절기에 대해서 말씀하고 있어요. 절기는 지금의 기념일과 같습니다. 이스라엘이 중요하게 여기고 지키는 절기는 유월절, 무교절, 초실절, 오순절, 나팔절, 속죄일, 초막절이에요.

그중 유월절은 가장 중요한 절기입니다. 출애굽을 할 당시 모든 장자를 죽이는 심판 가운데서 어린양의 피를 문지방과 인방에 바른 이스라엘 가정은 모두 구원받았어요. 이날을 기념해서 이스라엘 백성은 유월절을 지킨 거예요.

유월절 다음 날 무교절이라는 절기를 지키는데, 7일 동안 안식하며 지킵니다. 무교빵은 누룩을 넣지 않은 빵이에요. 누룩은 죄를 상징하지요. 이것은 구원받은 백성이 하나님 앞에서 거룩함을 지켜야 함을 가르쳐 줍니다.

초실절은 이스라엘 백성이 가나안 땅에 들어간 후, 처음 수확을 한 것을 감사하여 그날을 기념하는 날이에요. 출애굽을 한 백성을 가나안까지 인도하시고 돌보신 은혜에 대한 감사를 고백하지요.

오순절은 초실절 후 7주가 지난, 유월절 후 50일이 되는 날이에요. 이날은 첫 수확을 드린 초실절 후에 온전한 추수를 기념하는 날입니다. 하나님께 받은 복에 대하여 감사를 드립니다. 그리고

이웃에 대한 사랑을 실천하는 날이기도 합니다.

나팔절은 새해 첫날 나팔을 불면서 지키는 날입니다. 나팔은 숫양의 뿔로 만든 양각나팔을 불어요. 양의 희생 때문에 새해 첫날을 맞이할 수 있다는 감사한 마음을 표현하는 거랍니다.

속죄일은 나팔절 이후 10일째 되는 날 지킵니다. '대속죄일'이라고도 부르며, 대제사장이 모든 백성을 대표해 지성소에 들어가 죄 사함을 받는 날이에요.

초막절은 7대 절기 중 가장 마지막에 지키는 절기예요. 40년 동안 광야에서 초막을 짓고 떠돌며 살았음에도 하나님이 안전하게 지키시고 인도해 주신 은혜를 감사하며 지켜요. 이웃과 교제하며 하나님을 즐겁게 예배하는 절기예요.

절기를 통해 하나님 앞에 거룩한 삶을 다짐했듯이, 우리는 주일예배를 통해 예수님의 은혜를 기억하며 거룩한 삶을 살기로 다짐해야 합니다.

≋ 적용

이스라엘 백성이 절기를 구별하여 지켰듯이, 우리도 주일예배를 드릴 때마다 하나님께 깊이 감사합시다. 이 감사함으로 예수님 안에서 가족을 더욱 사랑하고 이웃을 섬기기를 다짐해요.

기도

하나님 아버지, 죄와 허물로 죽은 우리를 다시 살려 주시고, 놀라운 섭리로 인도해 주셔서 감사합니다. 영원히 찬양받으실 하나님께 모든 영광과 경배를 올려 드립니다.

민수기 1 | 하나님이 자신의 백성을 세어 보셨어요

주제 말씀 너희는 이스라엘 자손의 모든 회중 각 남자의 수를 그들의 종족과 조상의 가문에 따라 그 명수대로 계수할지니 민수기 1:2
관련 말씀 민수기 1장

　민수기는 '백성의 숫자'라는 뜻입니다. 이 제목으로 성경이 기록된 이유가 무엇일까요? 출애굽한 이스라엘 민족은 광야 시내산에서 하나님과 언약을 맺습니다. 이 언약을 '시내산 언약'이라고 합니다. 여기서 하나님은 유목 민족에 불과한 이스라엘 사람들을 하나님 나라의 백성으로 받아 주시죠. 이스라엘 민족은 나라 없는 설움에서 벗어나 하나님을 왕으로 모시는 한 나라로 인정을 받게 됩니다. 이는 애굽 땅에서 노예처럼 살던 민족을 하나님이 구원하셨다는 의미이고, 그 이스라엘 민족이 하나님의 직접적인 통치를 받는 백성이 되었다는 의미랍니다.

　한 나라로서 꼭 필요한 네 가지 요소가 있는데, 왕, 백성, 법, 땅입니다. 왕은 하나님이시고, 백성은 이스라엘 민족입니다. 법은 시내산에서 주신 율법의 말씀이며, 땅은 장차 들어가게 될 가나안 땅입니다. 이제 다른 민족들이 함부로 대할 수 없는 하나님을 왕으로 모신 나라가 설립되었습니다.

　이렇게 출범하게 된 이스라엘이라는 하나님의 나라에서 '백성은 누구인가?'하는 중요한 물음에 대한 답이 바로 민수기입니다. 하나님께는 한 사람, 한 사람이 너무나 소중한 백성이었습니다. 그래서 1장은 구체적으로 이 백성이 누구인지 숫자를 세고 있어

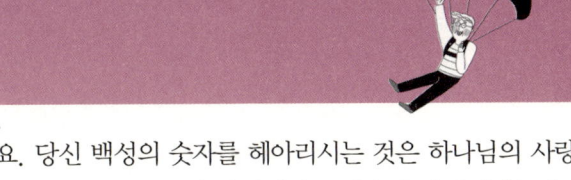

요. 당신 백성의 숫자를 헤아리시는 것은 하나님의 사랑이었습니다. 이것은 이스라엘 백성에게도 익숙한 장면이었는데, 이스라엘 민족은 양을 치면서 매일 아침 양의 숫자를 헤아렸고, 이름까지 붙였습니다. 내 양에 대한 애정의 표현이었습니다. 이처럼 하나님은 내 백성에 대한 사랑을 이렇게 표현해 주셨습니다.

목자는 자신이 기르는 양이 아무리 많아도 각각의 특징을 모두 알고 있습니다. 우리의 선한 목자되신 하나님도 그러하십니다. 하나님의 자녀인 우리 한 사람 한 사람의 모든 특징과 성품을 아시고 그 자녀를 귀하게 돌보십니다. 나를 잘 아시고 돌보시며 인도하시는 하나님께 감사하며 계속된 인도와 돌보심을 구하고 따라갑시다.

적용

하나님은 지금도 자녀 된 백성이 누구인지 잘 아시고, 그렇기 때문에 너무나 소중하게 여기고 사랑하십니다. 그런 하나님께 우리는 모든 것을 맡길 수 있습니다. 하나님께 우리의 모든 짐과 어려움과 고민을 맡깁시다. 우리 가정의 문제와 간구를 모두 맡깁시다. 구체적으로 기도합시다. 그리고 인도하심을 믿고 확신합시다.

기도

하나님 아버지, 우리를 사랑해 주셔서 감사드립니다. 지금도 나를 사랑하신다는 확신을 가지고 기도하도록 도와주옵소서. 나의 모든 생각과 마음을 아시는 아버지께서 어려움과 고통과 짐을 맡아 주시고, 당신의 때에 선하고 평탄한 길로 인도해 주실 것을 믿습니다.

민수기 2 | 하나님 나라 백성의 임무는 무엇인가요?

주제 말씀 레위 자손을 그들의 조상의 가문과 종족을 따라 계수하되 일 개월 이상
된 남자를 다 계수하라 민수기 3:15
관련 말씀 민수기 2-10장

한 나라가 유지되고 발전하기 위해서는 힘을 키워야 합니다. 그러면 새롭게 출범한 이스라엘은 무엇에 역량을 집중했어야 할까요? 그것은 군사력도, 경제력도, 문화의 힘도 아니었습니다. 하나님을 어떻게 예배하고 어떤 구별된 삶을 사는지가 이 나라의 운명을 결정짓는 요소였습니다. 그래서 민수기의 인구조사에서 가장 중요하게 다루어지는 내용이 바로 레위 지파의 인구였지요.

이스라엘은 열두 지파로 구성돼 있는데 열두 지파 모두는 하나님의 소유였습니다. 왜냐하면 출애굽 당시에 마지막 재앙에서 하나님께서 처음 난 자를 모두 치실 때에 양의 피를 통해서 이스라엘 백성 모두를 살리셨기 때문이었습니다. 이 백성의 목숨을 하나님이 보존하고 구원하셨습니다.

그렇기에 '이 모든 백성이 하나님의 소유이다'라는 의미로 열두 지파 가운데서 레위 지파를 특별하게 구별해서 하나님만 섬기는 예배자로 세우신 것입니다.

민수기 앞부분에 나오는 인구조사에서 레위 지파가 왜 하나님께 구별되었고, 어떻게 하나님을 섬겨야 하는지 상세하게 말씀하고 있습니다. 또한 레위 지파를 통해서 하나님은 이스라엘 백성에게 내릴 복에 대한 말씀도 주셨습니다.

17

이제 레위 지파는 이스라엘 백성을 대표로 하나님을 온전히 예배해야 했습니다. 하나님 앞에서 구별된 모습으로 율법에 따라 살며 온전하게 예배할 때, 이 백성이 하나님의 은혜 가운데 성장할 수 있고, 세계 열방이 주께 돌아오게 하는 제사장 나라의 비전을 성취할 수 있기 때문이었죠. 이스라엘의 운명은 참된 예배자가 되느냐에 달려 있었습니다.

오직 구별된 모습으로 예배를 드리는 것이 이스라엘의 유일한 힘이었습니다. 하나님의 자녀된 우리도 세상의 힘이 아니라, 하나님의 힘과 능력으로 살아갑니다. 경제력, 권력, 명예 등은 삶에서 필요할 수는 있지만 우리에게 성공적인 인생을 살게하는 비결은 아닙니다. 우리의 삶의 가장 중요한 비결은 바로 예배입니다. 하나님을 온전히 경외함으로 올려드리는 예배가 하나님의 자녀된 우리 삶의 능력입니다.

〰️ 적용

주일은 모든 하나님의 백성이 모여 진실하게 예배하는 날입니다. 참된 예배자로 설 때 복된 인생을 살 수 있습니다. 주일예배를 위해서 미리 기도하고, 어떤 말씀을 주시든지 주실 은혜를 사모하며 순종의 마음을 준비합시다.

기도

하나님 아버지. 우리가 하나님이 기뻐하시는 참된 예배자가 될 수 있도록 도와주옵소서. 세상적인 힘으로 사는 것이 아니라, 하나님의 은혜와 섭리 가운데 사는 인생임을 고백하며 예배할 수 있도록 도와주옵소서.

민수기 3 | 선택받은 백성이 왜 불순종할까요?

주제 말씀 여호와께서 들으시기에 백성이 악한 말로 원망하매 여호와께서 들으시고 진노하사 여호와의 불을 그들 중에 붙여서 진영 끝을 사르게 하시매
민수기 11:1
관련 말씀 민수기 11-36장

민수기 11장은 모세가 광야를 향해 행군을 시작하는 내용입니다. 이스라엘 백성은 행군을 시작하자마자 먹는 문제로 하나님을 대적하지요. 하나님께서는 그들의 필요를 해결해 주십니다. 그러나 이제 지도자 모세의 권위에 도전하는 사건이 일어납니다. 이어서 가나안 정탐에 대한 원망, 고라와 다단과 아비람이 아론에게 도전한 것, 가데스에서 물에 대한 원망, 불뱀 사건까지…. 얼마나 많은 불만과 불평을 하나님께 쏟아내는지 모릅니다. 모세도 화가 나서 지팡이로 반석을 내리치며 분노할 정도였습니다.

결국 이스라엘 백성은 하나님께 큰 징계를 받습니다. 이 불순종에 대한 징계로 보름이면 들어갈 가나안이지만, 40년 동안 광야에서 살게 돼요. 또한 모압 여인들과 음행에 빠져 2만 4천 명이 하나님의 진노로 죽는 사건까지 일어납니다.

하나님은 이스라엘 백성이 불순종할 때 징계를 내리셨지만, 백성 된 지위와 자격까지 박탈하지는 않으셨어요. 왜일까요? 그것은 하나님께서 주신 오래전, 백성을 향한 구원의 약속 때문이었습니다. 아브라함에게 주신 언약, 시내산에서 주신 언약 등 하나님이 하신 말씀은 비록 하나님의 백성이 불순종하더라도 취소되지

않습니다.

그러나 하나님 앞에 계속 은혜를 받기 위해서는 정결하고 거룩해야 했기에 그것을 다시 한번 회복할 수 있도록 징계를 허락하시는 것이지요. 하나님은 결국 2차 인구조사를 통해서 당신의 백성에 대한 긍휼을 보여 주십니다.

우리가 신앙생활 하면서, 하나님께 순종하는 일에 실패하거나 하나님이 보시기에 부끄러운 죄를 지을 때도 있어요. 그러나 하나님은 죄를 깨닫고 참회하는 마음을 받으시고 정결케 하십니다. 오히려 하나님은 죄로 무너져서 자신의 연약함을 직면하고 고백하는 상한 심령을 찾으시지요. 선택받은 백성인 우리는 하나님을 믿는 것에 실패해도, 우리를 백성으로 선택하신 하나님은 우리를 이끄시는 데 실패가 없으십니다.

≈ 적용

혹시 부끄러운 죄가 있다면 예수님의 보혈을 의지하여 담대하게 고백하도록 해요. 우리의 연약함을 내어놓을 때 하나님께서는 기뻐 받으신답니다. 예배하면서 깨닫게 하시는 것이 있다면 부족함을 고백하고, 정결함과 거룩함의 새 옷을 입읍시다.

기도

하나님 아버지, 우리의 부끄러운 모습이 보일 때, 회개하는 마음을 허락해 주시기 원합니다. 회개할 때 우리의 모든 죄과를 도말하시고 용서해 주심을 믿습니다. 하나님의 은혜로 온전하고 거룩한 모습으로 살 수 있게 도와주옵소서.

신명기 1 | 다음 세대에게 율법을 전해요

주제 말씀 모세가 요단 저쪽 모압 땅에서 이 율법을 설명하기 시작하였더라 신명기 1:5
관련 말씀 신명기 1~4장

    신명기는 '율법을 거듭하여 설명한 말씀'이라는 뜻입니다. 시내산 언약으로 백성에게 주신 첫 번째 율법의 말씀을 당시에 듣지 못한, 광야에서 태어난 세대에게 하나님께서 다시 말씀해 주시는 것입니다.

    첫 번째 율법의 말씀은 출애굽한 지 일 년째 되던 해에 주셨습니다. 그리고 난 후, 광야 40년 기간이 끝날 무렵 하나님께서 모세를 통해 그들에게 다시 율법의 말씀을 주셨어요. 이 말씀은 시내산 언약 때 주신 율법에 대한 해설이면서 동시에 광야 40년 생활에 대한 의미도 포함하고 있습니다.

    신명기 말씀을 전한 지역은 모압 땅입니다. 민수기 25장에 이스라엘 청년들의 죄악이 기록돼 있는데 모압은 그것과 관련이 깊은 지역이에요. 광야 40년이 끝날 무렵 모압 여인들이 이스라엘 청년들을 유혹해서 우상숭배와 음행에 빠지게 했던 곳입니다. 하나님은 이들의 죄악에 대해서 진노하셨고, 이스라엘 남자 2만 4천 명이 죽었어요. 광야 생활 중에서 가장 많은 백성이 징계로 죽은 사건이었답니다.

    그러니 모압이라는 지역은 이스라엘 백성으로서는 자신들의 부끄러운 과거가 기억나는 곳입니다. 그러나 하나님은 이곳에서 다시 한번 언약을 새롭게 하시죠. 철저하게 실패하고 무너진 자리에서 하나님은 다시 백성에게 말씀하시고 가나안에 들어갈 수 있도록 언약을 갱신하십니다. 비록 출애굽 2세대도 부모 세대의 불순종을 반복하고 있었다고 하더라도, 하나님은 이들을 포기하지 않으시는 것을 볼 수 있습니다. 그들의 부모 세대부터 광야 40년을 이끌어 오셨듯이, 2세대 백성을 향해서도 동일한 은혜를 베풀어 주십니다. 이 말씀을 받은 백성은 다시 한번 하나님 앞에서 자신의 연약함을 인정하고, 말씀을 따라 살기로 다짐하게 됩니다.

하나님은 범죄한 백성이라도, 징계를 통해 다시 언약의 말씀을 주시며 신실하게 인도하실 것을 약속하십니다. 우리도 죄의 오염 가운데 살며 넘어질 때도 있지만 신실하신 하나님은 예수 그리스도의 보혈을 통해 우리에게 다시 한번의 기회를 열어 주십니다.

적용

오늘을 사는 우리도 사탄의 유혹에 넘어질 때가 있고, 그럴 때면 스스로 낙심이 됩니다. 그러나 소망을 가질 수 있는 이유는 신실하신 하나님께서 우리가 회개하고 돌이키기를 오래도록 기다리시기 때문입니다. 하나님을 다시 한번 찾읍시다. 하나님은 우리가 회개할 때 모든 것을 용서하시고 다시 품어 주시고 거룩해질 수 있는 마음과 힘을 주십니다.

기도

하나님 아버지, 우리의 연약함에도 불구하고 항상 다시 말씀해 주시며 은혜 아래 살아갈 수 있는 많은 기회를 열어 주셔서 감사드립니다. 넘어지고 쓰러질 때마다 하나님 앞에 담대히 나올 수 있는 마음을 허락해 주옵소서.

신명기 2 | 하나님의 백성은 무엇으로 사나요?

주제 말씀 나를 사랑하고 내 계명을 지키는 자에게는 천 대까지 은혜를 베푸느니라
신명기 5:10
관련 말씀 신명기 5–30장

신명기에서는 가나안에 들어가는 이스라엘 백성이 반드시 기억하고 지켜야 할 말씀에 대해 강조하고 있어요.

말씀의 중심에는 십계명이 있습니다. 십계명은 하나님께 선택받아 구원받은 은혜에 대한 결과로서 이스라엘 백성이 지켜야 하는 거룩한 삶에 대한 원리입니다. 십계명을 지키는 조건으로 구원을 얻게 되는 것이 아니라, 구원받은 백성이 하나님 나라의 자녀 된 자격으로 어떻게 살아갈지에 대한 고백이지요.

십계명 중 제1-4계명은 하나님을 어떻게 예배할지에 대한 말씀이며, 제5-10계명은 예배하는 자가 어떻게 하나님 앞에서 이웃들과 살아가야 할지에 대한 말씀입니다.

이스라엘 백성이 가나안에 들어가기 직전에 준비해야 할 일이 많은데 왜 꼭 십계명을 중심으로 한 율법을 강조해서 가르치셨을까요? 그것은 이스라엘은 다른 나라와는 달라야 했기 때문입니다. 출애굽을 할 때 하나님께서 피값으로 대속하고 사셨기 때문에 이 백성이 앞으로 살아가는 모든 일은 하나님의 주권에 달려 있었습니다. 그렇기에 이스라엘은 스스로 군사력과 경제력을 키우는 것으로 나라를 지키는 것이 아니라 '하나님이 왕이 되신다'는 것을 온전하게 고백할 때 나라를 유지할 수 있었습니다.

  하나님이 당신의 백성인 이스라엘에게 가장 중요하게 요구하신 것은 율법의 말씀이었어요. 이 율법의 말씀은 백성에게 세 가지 기능을 합니다. 첫째, 죄가 무엇인지 깨닫게 합니다. 둘째, 죄를 깨달았을 때 회개하고 죄를 싫어하여 억제하게 하는 역할을 합니다. 셋째, 삶의 표준과 법칙을 제시합니다. 가나안에 들어갈 백성이 하나님을 왕으로 인정한다면, 하나님의 백성답게 그 말씀에 순종하며 사는 것이 가장 중요한 일이었습니다.

  하나님의 자녀인 우리가 이 땅에서 살아갈 때 가장 중요한 일은 말씀대로 사는 것입니다. 말씀대로 살려고 할 때, 우리의 죄된 본성을 깨닫게 되고 예수님께서 베풀어 주신 용서의 은혜를 의지하며 그의 의로움을 추구하게 됩니다. 이 은혜 가운데 끊임없이 성화적인 변화를 위해 기도해야 합니다.

적용

말씀에 순종하려고 노력하고 힘을 낼 때 하나님이 우리를 통해서 영광을 받으십니다. 하나님의 자녀답게 항상 예배하기에 힘을 쓰고, 가족과 이웃을 바라보며 서로를 불쌍히 여기고 섬겨야 합니다. 가정에서도 가정예배를 드리며 서로를 섬기고, 기도 할 부분은 함께 나누기로 해요. 혹시 부족함이 있어도 서로 인내하고 품어 주겠다고 다짐하고 기도합시다.

기도

하나님 아버지, 우리를 구원해 주신 은혜를 감사드립니다. 이제 우리의 생명은 하나님의 것이오니, 하나님의 말씀대로 살게 하시고, 그 말씀을 의지하여 거룩을 소망하며 빛과 소금의 삶을 살 수 있게 도와주옵소서.

신명기 3 | 새로운 시대는 누가 이끌어 가나요?

주제 말씀 마치 독수리가 자기의 보금자리를 어지럽게 하며 자기의 새끼 위에 너풀거리며 그의 날개를 펴서 새끼를 받으며 그의 날개 위에 그것을 업는 것 같이 여호와께서 홀로 그를 인도하셨고 그와 함께 한 다른 신이 없었도다 신명기 32:11-12
관련 말씀 신명기 31-34장

   신명기의 마지막은 모세의 죽음과 여호수아의 승계에 관한 말씀입니다. 모세는 이스라엘 백성을 애굽에서 인도했던 뛰어난 지도자였습니다. 광야 40년 생활 동안 하나님께 받은 사명을 충실히 감당한 사람이었습니다. 그러나 안타깝게도 모세는 가나안에 들어갈 수 없었어요. 기력이 쇠하지도 않았는데 말이죠. 뛰어난 하나님의 종인 그에게도 부족함이 있었습니다. 범죄한 백성을 보며 하나님의 긍휼로 인내하지 못하고 분노하여 지팡이로 반석을 내리친 것이죠. 모세는 그때의 잘못으로 가나안에 들어가지 못하는 징계를 받았습니다.

   가나안에 들어가는 일은 광야 생활만큼이나 믿음이 필요하고 뛰어난 지도력이 있어야 했습니다. 그러니 백성의 입장에서는 불안할 수 있는 상황이었습니다. 모세의 뒤를 잇게된 여호수아도 개인적으로 무척 두려웠을 것입니다. 그는 연약한 부분이 많은 사람이었어요. 그럼에도 불구하고 지도자로서 사용될 수 있었던 이유는 여호수아의 개인적인 능력에 있지 않았습니다. 역사를 주관하시는 하나님이 앞서가시기 때문에 가능한 일이었지요.

눈에 보이지 않았지만, 백성의 인도자는 하나님이셨습니다. 그렇기에 모세는 인생 마지막 설교에서 여호수아에게 하나님에 대한 신뢰와 순종에 관한 것을 이야기했어요. 모세의 인생에서 무척이나 두렵고 강력한 적들이 많았어도 하나님 앞에서는 아무것도 아니었습니다. 하나님이 앞장서서 싸우셨기 때문이었습니다.

새로운 시대를 열며 탁월한 지도자 모세는 사라지지만, 하나님은 여전히 이스라엘의 왕이시므로 누가 모세를 이어 지도자가 되든 문제될 것은 없었습니다. 하나님이 역사의 주인공이시기 때문이었습니다.

우리는 큰 변화를 경험할 때가 있습니다. 가정의 변화, 교회의 변화, 민족적인 변화를 앞두고 두려움을 느끼기도 합니다. 이때 중요한 것은 모든 변화와 전환점에서 얼마나 하나님을 인정하는가 하는 것입니다.

적용

하나님을 인생의 왕으로 인정할 때, 하나님은 우리 삶의 주인이 되셔서 모든 일을 주관하시는 역사를 반드시 보여 주십니다. 이 사실을 함께 기도하며 온전히 고백합시다. 그때 하나님이 우리 삶을 인도하십니다.

기도

하나님 아버지, 시간과 역사의 주인은 인간이 아니라 하나님이심을 다시 한번 고백합니다. 우리 삶은 항상 크고 작은 변화 앞에 놓입니다. 그럴 때에 더욱 우리의 왕 되신 하나님만 의지하며 신뢰할 수 있도록 도와주옵소서.

여호수아 1 | 여호와가 구원하십니다

주제 말씀 내가 네게 명령한 것이 아니냐 강하고 담대하라 두려워하지 말며 놀라지 말라 네가 어디로 가든지 네 하나님 여호와가 너와 함께 하느니라 하시니라 여호수아 1:9
관련 말씀 여호수아 1장

여호수아서는 여호수아가 지도자로 세워진 뒤, 가나안을 정복하도록 하나님이 그를 이끌어 가신 기록입니다. 여호수아의 의미는 '여호와가 구원하신다'는 뜻입니다.

여호수아는 광야 40년 생활 동안 모세의 시중을 들며 후계자 수업을 보이지 않게 받았지요. 이제 여호수아는 백성을 인도해서 가나안을 정복해야 하는 매우 어려운 일을 맡게 되었습니다. 하나님은 이런 여호수아에게 여호수아 1장에서 '강하고 담대하라'는 말씀을 세 번 반복하며 격려하십니다. 여호수아는 두려웠지만, 자신의 이름의 뜻대로 사람의 힘이 아니라 구원을 이루시는 주체인 여호와의 일하심으로 인해 약속받은 가나안 땅을 얻게 됩니다.

이스라엘 백성은 왜 꼭 가나안에 들어가야만 했을까요? 그 이유는 하나님 나라의 회복에 있습니다. 하나님 나라가 이루어지기 위해서는 왕 되신 하나님과 백성인 이스라엘 민족, 그 나라의 법인 율법의 말씀, 거주할 땅 가나안이 있어야 했습니다. 그렇기에 가나안에 들어갈 때 비로소 범죄한 이 땅에서 하나님의 통치가 실현될 수 있었습니다. 그래서 가나안 땅에는 열두 지파가 차지한 구역마다 예배할 수 있는 처소가 마련되고 예배를 돕는 레위인이

세워졌습니다.

하나님은 세계 모든 나라가 하나님만을 높이는 구별된 나라가 되기를 원하십니다. 그것을 위해 이스라엘은 이웃 나라와 여러 민족이 하나님께 돌아오게 하는 제사장 나라로서의 비전 성취를 해야 하는 사명이 있었습니다. 가나안 땅에서 하나님을 예배할 때에 그 사명을 이룰 수 있는 것이었죠. 열방이 주께 돌아오는 비전은 여호수아서의 가나안 정복에서부터 이제 시작 됩니다.

이제 이스라엘은 가나안에 세워질 성전을 통해 하나님을 경배하며 세계가 주께 돌아오게하기 위한 축복의 통로로 사용될 수 있게 되었습니다. 하나님은 아브라함과 시작한 약속을 가나안 땅 정복으로 실현하셨습니다. 하나님의 약속은 이처럼 반드시 성취되고야 맙니다. 하나님은 신실하시기 때문에 인도하심에 실패가 없고 백성에게 약속한 말씀을 이루십니다.

〰️ 적용

하나님은 우리의 가정이 온전히 하나님만 예배하는 가정이 되길 원하세요. 함께 가정예배 드리는 일에 더욱 힘쓰기를 기도합시다. 그때 하나님께서 구별된 가정으로 기뻐 받으시며, 완전한 인도 가운데 복된 가정이 되게 하십니다. 가정예배 할 때마다 은혜와 평강이 있기를 구합시다.

🏠 기도

하나님 아버지, 우리 가정이 하나님 앞에 항상 구별하여 예배하고 하나님만을 높이는 가정이 되게 해주세요. 어려움이 닥칠 때마다 하나님의 은혜와 인도로 항상 승리할 수 있게 도와주옵소서.

여호수아 2 | 가나안 백성을 왜 진멸해야 하나요?

주제 말씀 너희는 온전히 바치고 그 바친 것 중에서 어떤 것이든지 취하여 너희가 이스라엘 진영으로 바치는 것이 되게 하여 고통을 당하게 되지 아니하도록 오직 너희는 그 바친 물건에 손대지 말라 여호수아 6:18
관련 말씀 여호수아 2-6장

하나님은 가나안 땅을 정복할 때, 살아 숨 쉬는 모든 것을 죽이라고 명령하셨어요. 왜 하나님께서는 이러한 명령을 하셨을까요?

두 가지 중요한 이유가 있었습니다. 첫 번째는 가나안에서 정복한 모든 것은 하나님께 구별되어 드려진 제물과 같았습니다. 따라서 이 소유물에 대한 결정권은 오직 하나님께 있었지요. 하나님께서 정복하신 모든 생명체에 관하여서는 하나님의 소유이기 때문에 하나님께서 결정할 권한이 있습니다. 그래서 아이성 함락 때 아간의 범죄는 신성모독에 해당하는 것이었고, 하나님이 큰 징계를 내리신 이유도 그것 때문입니다.

두 번째는 하나님의 공의 때문입니다. 하나님은 심판주로서 부패한 가나안 백성을 진멸해야 했습니다. 이것에 대해서는 인간적인 시각에서 보아서는 안 되고, 공의로우신 심판주, 하나님의 시각에서 보아야 합니다. 가나안 민족을 심판하는 하나님은 결코 불의한 하나님이 아니며 하나님의 공의에 따른 합당한 결과입니다.

이것은 앞으로 올 종말에 하나님을 대적하는 모든 세력과 민족을 심판하실 것을 보여 주는 예고와 같은 겁니다. 하나님은 이 세상 마지막 날에 죄악 가운데 있는 세상을 심판하십니다. 하나님을

창조주로 인정하고 예수 그리스도를 믿는 자에게는 영원한 생명과 복을 주시고, 독생자 예수 그리스도까지 주신 하나님의 무한한 사랑을 믿지 않고 대적한 자들은 영원히 심판하십니다. 마지막 때에 하나님은 모든 창조물에 대한 주인 되심을 선포하실 것입니다.

우리는 하나님의 선택으로 믿음을 통해 구원을 얻었습니다. 전적인 하나님의 은혜입니다. 그런 우리는 이 땅을 살아가며 죄악 가운데 멸망으로 달려가는 사람들을 안타깝게 여길 수 있어야 합니다. 우리는 허락하신 은혜에 감사하며 때를 얻든지 못 얻든지 생명의 복음을 전하는 일에 최선의 노력을 다해야 합니다.

〰️ 적용

하나님은 공의로우시기에, 불의를 오래 참으시지만, 마지막 때에 예수 그리스도를 믿는 믿음으로 의롭다고 인정받지 못한 모든 불의에 대해서 심판하십니다. 그 심판은 매우 두렵고 엄중합니다. 그렇기에 우리는 하나님의 심판 앞에 놓인 사람들을 향해 복음을 증거해야 합니다. 가족 중에 혹은 가까운 친척 중에 하나님을 믿지 않는 이가 있다면 영원한 생명을 가지고 하나님 자녀가 될 수 있기를 위해서 기도해야 합니다. 생각나는 가족, 친지, 이웃을 위해 기도합시다.

기도

하나님 아버지, 공의로 통치하시고 죄에 대해 합당한 심판을 허락해 주셔서 감사합니다. 하나님의 진노로 심판받게 될 사람들을 불쌍히 여기며 복음을 전할 수 있는 믿음을 허락해 주옵소서.

여호수아 3 | 어떻게 가나안을 정복했나요?

주제 말씀 여호와께서 여호수아에게 이르시되 두려워하지 말라 놀라지 말라 군사를 다 거느리고 일어나 아이로 올라가라 보라 내가 아이 왕과 그의 백성과 그의 성읍과 그의 땅을 다 네 손에 넘겨주었으니 여호수아 8:1
관련 말씀 여호수아 7-24장

여호수아의 뜻은 '여호와께서 구원하신다'입니다. 여호수아는 개인적인 두려움이 있었지만 자신의 이름처럼 순전히 하나님의 지혜와 주도적인 역사로 가나안 정복을 이룰 수 있었어요.

가나안 정복은 크게 3단계로 이루어졌습니다. 여리고성을 시작으로 한 전쟁은 가나안 중부 지역을 정복하는 전쟁이었어요. 가나안 땅은 남북으로 길게 뻗은 땅이기 때문에 중부 지역을 먼저 점령하여 가나안 전체가 연합하지 못하도록 한 것입니다. 이것은 하나님의 지혜였습니다. 모든 전쟁에서 보이지 않게 하나님께서 싸우셨고 여호수아가 믿음으로 걸어갔기에 가능했습니다.

높은 성벽에 둘러싸여 있고 강력한 무기로 무장한 장수를 거느린 여리고성을 정복할 때, 이스라엘은 치열하게 전투를 하지 않았습니다. 단지 7일 동안 성을 도는 일 말고는 한 일이 없었습니다. 여리고성 전투의 승리는 이미 여리고성을 이스라엘에게 하나님이 붙여 주셨고, 승리를 말씀해 주셨기 때문에 예견된 일이었어요. 싸우지 않고 그저 성을 돌라고 하는 납득하기 어려운 말씀에도 불구하고 믿고 순종했기 때문에 7일째 되던 날 여리고성이 무너졌습니다. '땅 밟기'라는 행동 자체에 능력이 있어서가 아니라, 하나

님의 말씀을 믿고 순종할 때 얻을 수 있었던 승리였지요.

가나안 정복은 하나님의 인도로 마무리가 되었지만 백성의 불순종 사건이 발생해 일부 점령하지 못한 지역도 생기게 되었습니다. 이것은 앞으로 오는 세대가 지속적인 믿음과 신앙으로 감당해야 할 몫이었습니다.

가나안에서의 모든 전쟁은 사람의 지혜와 능력에 달려 있지 않았어요. 말씀에 대한 철저한 순종과 믿음의 결단을 통한 하나님의 능력에 있었습니다. 선택받은 하나님의 자녀된 우리가 살아가는 모든 어려운 인생의 여정은 우리의 지혜가 아니라 하나님의 능력에 달려 있습니다. 이 여정에서 온전한 믿음을 가질 때, 하나님의 지혜와 권능으로 인도하시는 역사를 알 수 있습니다.

적용

살아가면서 우리를 두렵게 만드는 문제들을 만나곤 합니다. 하나님의 자녀에게 닥치는 문제는 우리의 문제이면서 동시에 하나님의 문제입니다. 이 모든 문제를 해결하는 길은 우리의 지혜가 아니라, 하나님의 능력에 달려 있어요. 지금 문제가 앞에 놓여 있다면 이 예배의 시간에 그 문제를 온전히 하나님께 맡깁시다. 여호수아의 하나님이 곧 나의 하나님이심을 함께 고백하며 하나님의 능력을 의지합시다.

기도

하나님 아버지, 우리가 두려운 문제 앞에서 방법을 찾지 못할 때 모든 일의 주권자는 하나님이시라는 사실을 고백할 수 있게 하소서. 하나님께 온전히 내어 맡길 때 하나님이 문제를 다루시고 해결해 가심을 경험할 수 있게 도와주옵소서.

사사기 1 | 하나님께서 사사들을 세우셨어요

주제 말씀 여호와께서 사사들을 세우사 노략자의 손에서 그들을 구원하게 하셨으나 그들이 그 사사들에게도 순종하지 아니하고 오히려 다른 신들을 따라가 음행하며 그들에게 절하고 여호와의 명령을 순종하던 그들의 조상들이 행하던 길에서 속히 치우쳐 떠나서 그와 같이 행하지 아니하였더라 사사기 2:16–17
관련 말씀 사사기 1장

사사는 '재판관'이라는 의미입니다. 사사기는 가나안에 정착한 이스라엘 백성의 지도자 역할을 했던 사사들에 대한 내용이 담겨 있습니다. 이들은 왕이 없던 시대에 지도자로 등장했습니다. 모두 열두 명의 사사가 있었고, 백성의 지도자로 세움을 받아 이스라엘을 이끌었습니다.

사사시대 이스라엘 백성은 가나안 땅에서 열두 지파로 흩어져 살며, 정복하지 못한 가나안 지역을 차지해야 했습니다. 그러나 영적인 타락에 빠지게 되고 결국 가나안 거민의 지배를 받게 됩니다. 이스라엘 백성은 가나안 거민들이 섬기는 우상을 따랐어요. 하나님의 백성으로서의 삶을 살지 못한 거지요. 그에 대한 징계로 하나님은 이방 민족을 통해 이스라엘이 고통을 받게 하셨고 백성은 고통 중에 하나님께 부르짖게 됩니다. 그러면 하나님은 그 부르짖음을 들으시고 사사를 세워 이방 민족을 물리쳐 주셨어요.

사사기에는 '죄 – 징벌 – 회개 – 구원'이라는 패턴이 반복되지요. 그러한 반복 속에서 이스라엘은 더 심각하게 타락해 가며 역

사의 내리막길을 걷게 됩니다. 사사가 등장하지 않는 마지막 부분의 17-21장에는 제사장 역할을 맡은 레위인까지 깊은 타락에 빠져 있는 것을 볼 수 있어요. 결국 이스라엘은 내전으로 치달으며 베냐민 지파가 거의 전멸하는 지경에 이르게 됩니다.

사사시대는 이스라엘 역사의 암흑기였습니다. 하나님께서 백성을 불쌍히 여기셔서 구원해 주시더라도, 백성 스스로가 하나님의 언약의 말씀 앞에 온전하게 서지 못한다면 결국에는 어떤 파국을 맞이하는지 사사시대를 통해 보여 주고 있습니다.

우리가 하나님의 말씀에 온전히 순종하지 못하고 죄악의 길에 계속해서 머물 때 하나님은 징계하십니다. 그러나 긍휼이 많으신 하나님은 회복을 위한 회개의 기회도 주십니다. 회개하고 정결한 마음으로 말씀에 순종할 때, 하나님은 기뻐하시며 우리를 위한 하나님의 계획과 인도를 보여 주십니다.

〰️ 적용

하나님의 약속을 믿지 못하고 따르지 못하는 모습이 있는지 돌아봅시다. 하나님께서 가르쳐 주시는 잘못이 있다면, 회개를 통해 온전해 지길 소망합시다.

기도

하나님 아버지, 택한 자녀인 우리에게 회개를 통한 회복의 기회를 항상 허락해 주셔서 감사합니다. 우리가 하나님을 멀리하고 죄악 가운데 있을 때 우리를 심판하지 마옵시고, 깨닫는 은혜를 통해 온전한 심령이 되어 거룩한 삶을 살 수 있게 도와주옵소서.

사사기 2 | 왜 열두 명의 사사를 보내 주셨을까요?

주제 말씀 백성이 여호수아가 사는 날 동안과 여호수아 뒤에 생존한 장로들 곧 여호와께서 이스라엘을 위하여 행하신 모든 큰 일을 본 자들이 사는 날 동안에 여호와를 섬겼더라 사사기 2:7
관련 말씀 사사기 2-16장

사사기에는 열두 명의 사사들이 나옵니다. 그들의 이름은 옷니엘, 에훗, 삼갈, 드보라, 기드온, 돌라, 야일, 입다, 입산, 엘론, 압돈, 삼손입니다.

하나님이 사사를 보내 주신 이유는 백성을 구원하시기 위해서입니다. 하나님의 구원은 사사기에서 같은 패턴으로 반복됩니다. 바로 '죄 – 징벌 – 회개 – 구원', 이 네 개 주제가 반복되지요.

이런 패턴이 일곱 번에 걸쳐서 반복해서 나오는데, 뒤로 갈수록 죄악이 점점 더 심해집니다. 하나님께서 계속해서 징계하시고 사사를 보내어 구원해 주시지만, 백성의 모습은 좀처럼 나아지지 않고 심지어 사사들도 하나님께 백성의 구원을 위한 지도자로 쓰임을 받고 난 후에 타락하는 모습을 보입니다.

그 중 삼손은 사사기에서 가장 많은 분량을 차지하는 사사입니다. 그는 하나님께 바쳐진 나실인이었어요. 그럼에도 그는 블레셋을 치는 과정에서 나실인으로서는 해서는 안 될 처신을 합니다. 하지만 이런 그의 행동조차 하나님은 이스라엘을 구원하는 데 사용하십니다.

이렇게 반복되는 죄에도 불구하고 왜 하나님은 이스라엘 백성을 살려주실까요? 그 이유는 하나님의 언약에 있습니다. 하나님께서 이 백성을 선택하셨고 오래전부터 구원을 약속하셨기에, 신실하신 하나님은 이들의 실패에도 불구하고 책임지고 인도해 가시는 것이죠.

수없는 배신과 불순종 때문에 하나님은 그들에게 고통을 허락하시지만 그 또한 잠시 잠깐이며, 이내 지도자를 불러 말씀하시고 계속해서 당신의 백성을 인도해 가십니다. 언약에 신실하신 하나님이시기에 자격이 안 되는 백성이지만 긍휼히 여기시며 오래 참음과 사랑으로 품어 주십니다.

우리는 아직 죄의 오염 가운데서 죄를 범할 때가 있습니다. 하나님은 그런 우리에게 때로는 죄를 깨닫고 돌이키도록 인도하기 위해서 고난을 주시기도 해요. 이것은 사랑하는 자녀가 거룩하고 온전한 백성으로 성장하게 하려고 주시는 은혜입니다.

〰️ 적용
죄에 대한 깨달음을 주실 때 참회하는 마음으로 회개합시다. 우리가 진정으로 회개할 때 하나님은 완전히 용서해 주시고, 거룩한 마음을 주셔서, 다시 한번 은혜 가운데 복을 허락하십니다.

기도
하나님 아버지, 아직 온전하지 못한 우리의 연약한 모습이 있을 때, 깨닫게 하셔서 회개의 자리로 이끌어 주시고 그리스도의 장성한 분량에 이르도록 인도해 주옵소서. 거룩한 자녀로 성장해 복음을 증거하며 하나님께 영광을 돌리는 삶이 되게 도와주옵소서.

사사기 3 | 점점 내리막길을 걷게 된 이유

주제 말씀 이에 온 이스라엘 자손 모든 백성이 올라가 벧엘에 이르러 울며 거기서 여호와 앞에 앉아서 그 날이 저물도록 금식하고 번제와 화목제를 여호와 앞에 드리고 사사기 20:26
관련 말씀 사사기 17-21장

하나님께서 열두 명의 사사들을 보내 주셨지만, 이스라엘의 영적인 상황은 좋아지지 않았습니다. 이스라엘 백성과 레위인의 타락은 사사기 19장에서 더욱 심각해집니다.

유다 땅에 거주하던 레위인이 우상을 숭배하는 가정을 위한 제사장으로 전락하게 되었습니다. 그것을 본 단 지파는 이 레위인을 자신들의 우상숭배를 위한 제사장으로 빼앗아 가지요.

이곳에는 또 다른 레위인이 등장하는데, 본처 외에 다른 아내를 두고 있었습니다. 그러다 이 아내가 친정으로 가 버리자 아내를 다시 찾아오기 위해 갔다가 베냐민 지파의 성적 유린 때문에 아내를 잃게 됩니다. 분개한 레위인은 끔찍한 방법으로 이 사건을 이스라엘 모든 지파에게 알리게 되죠. 그 일로 내전이 일어나고, 결국 베냐민 지파가 거의 몰살될 지경에 이르게 됩니다.

사사기의 마지막 다섯 장에는 모두 레위인과 관련된 사건이 나옵니다. 레위인의 역할은 성전 예배를 돕는 것이었어요. 그런데 레위인의 모습에서 예배를 위해 일하는 모습을 볼 수 없었습니다. 정해진 십일조와 헌물을 드리지 않았기 때문에 민족의 제사장 역할을 해야 할 레위인이 한 가정의 우상숭배자로 전락한 것입니다.

또 다른 레위인의 경우에도 말씀에 어긋난 가정생활에서 비롯되어 성적으로 타락한 모습을 보여주는 사건이 나옵니다.

이러한 레위인들의 타락은 사사시대 영적인 암흑기의 원인을 보여 줍니다. 하나님을 예배하지 않고 말씀을 잃어버렸기 때문이지요. 광야 시대보다 훨씬 더 좋은 환경에서 살게 되었지만, 가나안의 풍요에 빠져 하나님 백성으로서의 본분을 지키지 않은 이스라엘은 무너질 수밖에 없는 위기를 맞이하게 됩니다.

사사기에서 보듯이 영적인 위기는 물질과 환경이 안정될 때 찾아 오기도 합니다. 어렵고 힘든 때의 가난한 마음이 사라지며 예배에 대한 간절함도 없어져서 하나님 앞에서의 온전한 예배가 무너지기 때문입니다. 하나님을 전심으로 예배하고 하나님을 내 인생에서 가장 소중한 분으로 여겨 말씀에 순종하며 살 때 영적인 회복이 있습니다.

적용

혹시 하나님의 응답으로 좋아진 환경 때문에 오히려 하나님에 대한 경외함과 간절함이 사라지지는 않았는지 점검해 봅시다. 하나님이 주신 선물 때문에 선물을 주신 하나님을 보지 못하고 있다면, 다시 한번 하나님에 대한 간절함과 우리 안에 가난한 마음이 회복되기를 위해서 기도합시다.

기도

하나님 아버지, 영적인 위기와 침체가 찾아올 때 우리 마음의 중심이 어디에 있는지 깨닫도록 인도해 주옵소서. 오직 하나님만 전심으로 찬양하고 높여 드리는 예배 가운데 영적인 회복을 허락해 주옵소서.

룻기 1 | 하나님을 따르는 것이 회복의 시작이에요

주제 말씀 룻이 이르되 내게 어머니를 떠나며 어머니를 따르지 말고 돌아가라 강권하지 마옵소서 어머니께서 가시는 곳에 나도 가고 어머니께서 머무시는 곳에서 나도 머물겠나이다 어머니의 백성이 나의 백성이 되고 어머니의 하나님이 나의 하나님이 되시리니 룻기 1:16
관련 말씀 룻기 1장

룻기는 이스라엘이 아닌 모압 여자였던 룻에 관한 말씀입니다. 룻의 시아버지와 룻의 남편 그리고 그의 형제가 모두 죽게 되자, 룻의 시어머니 나오미는 고향 이스라엘로 돌아가기로 결심합니다. 나오미의 며느리였던 룻은 따르겠다고 이야기하고 시어머니와 함께 합니다. 룻의 가정은 대가 끊길 처지에 놓였습니다. 그런 중에 룻은 보아스라는 '기업 무를' 친척을 만나고 다시 가정이 회복되는 은혜를 받게 됩니다. '기업 무르다'라는 것은 죽은 형제나 친척을 대신하여 가까운 친척이 대를 잇거나 땅을 되찾아 주는 것이었어요. 보아스는 하나님의 섭리로 룻과 만나면서, 룻의 가정에 속한 기업의 값을 치러 땅을 회복시키고, 대가 끊어진 가정의 자손을 잇는 데 결정적인 역할을 합니다. 보아스가 베푼 은혜로 인해 룻은 자녀를 가지게 되어 다윗의 조상이 됩니다.

룻기는 사사기와 사무엘서 중간에 놓인 성경입니다. 4장으로 짧은 내용이지만 사사기에서 타락의 끝을 보인 이스라엘이 이제 영적 회복을 향해 가려고 하는 가능성을 보여 주는 부분이지요. 대가 끊어지고 소망이 없던 가정이 보아스의 은혜로 다시 살아나는, 그야말로 기적 같은 이야기를 통해 이스라엘의 회생 가능성을 보여 주고 있습니다.

보아스는 룻의 가정과 가장 가까운 친척도 아니었고, '기업 무를 자'가 되는 것으로 얻을 수 있는 이익도 전혀 없었습니다. 그럼에도 대신 값을 치르고 회복시키는 모습은 하나님께서 보내 주실 구속자에 대한 모형을 보여줍니다. 예수 그리스도께서 우리의 죄를 대신하여 대가를 치르는 것으로 우리가 용서 받을 길을 열어 주셨습니다. 이 대속의 은혜를 미리 보여 주고 있습니다.

타락한 이스라엘과 같이 우리도 죄와 허물로 죽은 자와 같았습니다. 그런 우리가 독생자를 보내 주신 하나님의 사랑으로 새로운 생명을 얻게 되었습니다. 이 놀라운 은혜는 우리가 영원히 찬양할 제목입니다.

〰️ 적용
우리가 하나님의 이름을 부르며 찬양하고 예배할 수 있는 것은 우리의 신앙적인 공로 때문이 아닙니다. 그것은 오직 하나님의 은혜입니다. 이 은혜를 함께 감사하고 찬양하고 경배합시다. 더 큰 은혜와 위로가 우리 가정에 넘치기를 기도합시다.

🏠 기도
하나님 아버지, 우리가 스스로의 죄로 인해 하나님의 진노와 저주 아래 있을 때, 구속자 예수님을 보내 주셔서 감사합니다. 또한 예수님께서 우리 죄를 대신해 죽으시고 그것으로 인해 새로운 생명을 얻게 하심도 감사를 드립니다. 그 은혜를 항상 기억하며 하나님의 말씀대로 순종하며 살게 도와주옵소서.

룻기 2 | 구속이란 무엇인가요?

주제 말씀 여인들이 나오미에게 이르되 찬송할지로다 여호와께서 오늘 네게 기업 무를 자가 없게 하지 아니하셨도다 이 아이의 이름이 이스라엘 중에 유명하게 되기를 원하노라 룻기 4:14
관련 말씀 룻기 2-4장

구약시대에 형편이 어려워진 친척을 구제하는 제도가 있었습니다. 바로 고엘 제도입니다. 고엘은 형편이 어렵게 되어 고통을 겪는 친족을 도와주는 역할을 합니다. 이와 비슷한 법이 계대 결혼법입니다. 결혼한 형제가 죽으면 그의 동생이 형수를 아내로 맞는 제도이지요. 이것은 동생이 형의 자손을 이어주고, 여자인 형수가 여성 혼자 고생하며 힘들게 살지 않도록 해줍니다. 여기에는 율법에 담긴 하나님의 긍휼과 사랑이 전제되어 있습니다. 하나님의 땅에서 서로를 긍휼히 여기며 살게 하기 위해 하나님께서 선택한 백성에게 베풀어 주신 법이지요.

룻기에서 보아스는 고엘 제도와 계대 결혼법을 모두 실천한 사람입니다. 형편이 어렵게 된 룻의 가정을 위해 땅을 사 줄 뿐만 아니라, 대를 이어 주는 역할을 하게 되었습니다. 이 일은 보아스에게 이익이 되는 것이 전혀 없었습니다. 보아스가 땅을 사 주어도, 룻이 낳게 되는 아이에게 땅을 다시 주어야 할 뿐만 아니라, 아이도 룻의 죽은 남편의 자녀가 됩니다. 그럼에도 보아스가 이렇게 한 이유는 하나님이 정하신 율법의 말씀에 순종하기 위해서였어요. 자신에게 전혀 이익이 되지 않지만, 선택받은 민족의 혈통을

잇고, 하나님이 주신 기업을 보존하고자 하는 순종의 마음이지요. 또 어렵게 된 친족에 대한 긍휼이 있었기 때문에 가능했습니다. 보아스는 하나님의 말씀에 대한 순종으로 자신의 시간과 재산을 헌신했던 것입니다.

하나님은 보아스를 통해서 구속이란 무엇인지 알려 주십니다. 우리 자신의 죄로 인해 죽을 수밖에 없었지만, 독생자 예수 그리스도를 이 땅에 보내셔서 핏값으로 우리 죄의 대가를 대신 지불하게 하셨습니다. 그것으로 인해 우리는 영원한 생명을 받게 되었습니다. 우리 생명을 살리기 위해 구속자 예수 그리스도를 이 땅에 보내주신 하나님의 은혜에 감사드립시다.

적용

우리는 죄로 인해 하나님의 진노를 받고 심판을 받아 영원한 지옥 형벌을 받을 존재였습니다. 하나님은 우리를 불쌍히 여기셔서, 독생자 예수 그리스도에게 우리가 받아야 할 죄의 형벌을 받게 하셨습니다. 뿐만 아니라, 우리를 하나님의 자녀로 양자 삼아 주셨습니다. 이 은혜가 얼마나 크고 놀라운 사랑인지를 더욱 깊이 알게 해 주시기를 구합시다. 또한 이 사랑이 우리 마음에 충만하여서 우리 가족이 항상 모두 서로 사랑하고, 서로 화목하고 서로 기도하는 가족이 될 수 있기를 위해서 기도합시다.

기도

하나님 아버지, 우리를 대신해 죄의 형벌을 받게 하시기 위해 독생자 예수 그리스도를 보내 주셔서 감사드립니다. 하나님께서 베푸신 이 사랑으로 우리 가족 모두 서로를 위해서 긍휼히 여기며 더욱 섬길 수 있도록 도와주소서.

사무엘상 1 | 두 왕과 하나님의 이야기

주제 말씀 가난한 자를 진토에서 일으키시며 빈궁한 자를 거름더미에서 올리사 귀족들과 함께 앉게 하시며 영광의 자리를 차지하게 하시는도다 땅의 기둥들은 여호와의 것이라 여호와께서 세계를 그것들 위에 세우셨도다 사무엘상 2:8
관련 말씀 사무엘상 1장

    사무엘서는 하나님께서 사무엘 선지자를 통해서 세우시는 이스라엘의 왕에 관한 말씀입니다. 이스라엘은 사사시대를 지나 왕정시대로 이어집니다. 그중 구약시대 왕은 기름 부음을 받는 특별한 직분이었습니다. 기름 부음을 받는 직분은 세 가지였는데, 제사장, 선지자, 왕이었습니다. 하나님은 세 가지 직분을 통해 백성이 하나님을 예배하고 하나님의 말씀을 따르도록 인도해 주셨지요.

    사무엘서에는 사무엘 선지자를 통해 하나님께서 이스라엘 백성에게 왕을 허락하기 위해 준비시키는 과정과 왕이 세워진 후, 왕이 이스라엘을 통치하는 내용이 담겨 있어요.

    사무엘서에는 두 왕이 나오는데 바로, 사울과 다윗입니다. 사울은 기름 부음을 받고 왕이 되지만 그 후에 범죄를 저지릅니다. 사울왕은 제사장 역할을 침범하고 아말렉을 진멸하라고 하신 하나님의 명령에 불순종하죠. 결국 사울은 하나님께 버림을 받습니다.

    사울에 이어 하나님은 다윗을 왕으로 선택하셨어요. 사무엘상 중반부터 사무엘하까지의 내용은 다윗왕에 대한 이야기입니다. 다윗은 구약 성경에 나오는 인물 중 가장 많은 분량을 차지하는 아주 중요한 인물입니다. 그의 인생은 대부분 고난이었습니다. 왕이 되기까지의 과정도 힘들었지만 왕이 되어 통치하게 된 이후에도 자신의 범죄로 인해 하나님의 징계를 받고 고통을 당합니다. 그럼에도 불구하고 다윗은 예수님의 조상이 됩니다. 그럴 수 있었던 이유는 부족한 다윗을 선택하고 영원한 왕조에 대한 언약을 세우신 하나님의 신실하심 때문이었습니다.

연약하고 쉽게 죄를 범하는 하나님의 백성을 왕을 통해 하나님께서 어떻게 다스리고 통치하는지 보여 주십니다. 사울이나 다윗의 통치는 완전하지 않습니다. 실수와 실패가 많았지요. 그럼에도 하나님은 왕을 세우셔서 하나님이 어떤 분이신지 우리에게 알려 주십니다. 하나님은 온 우주 만물과 우리 인생을 다스리고 통치하는 왕이십니다. 우리는 지혜롭고 긍휼이 많은 왕, 하나님의 통치를 받는 행복한 백성입니다.

〰️ 적용

오늘 예배하면서 우리 인생의 모든 문제를 하나님께 맡깁시다. 어떤 문제든지 하나님께 온전히 맡길 때 하나님은 지혜로운 왕으로서 우리 인생을 통치하고 다루어 가십니다. 우리 가정의 문제, 나의 문제 등 모든 것이 하나님의 통치 안에 있기를 구합시다.

기도

하나님 아버지, 우리의 왕이 되어 주셔서 감사합니다. 어려운 문제를 만날 때마다 하나님께 의지하고 맡길 수 있도록 도와주옵소서. 맡길 때마다 하나님의 지혜로 모든 문제를 통치해 주옵소서.

사무엘상 2 | 사울왕은 왜 실패했나요?

주제 말씀 사무엘이 이르되 왕이 스스로 작게 여길 그 때에 이스라엘 지파의 머리가 되지 아니하셨나이까 사무엘상 15:17상
관련 말씀 사무엘상 2-15장

하나님은 사사시대와 같은 부패와 악행을 막기 위해 왕정 시대를 허락하십니다. 왕은 매우 특별한 임무를 부여 받았기 때문에 구별된 사람으로서 머리에 기름을 부었습니다. 선지자와 제사장이 받는 것과 동일하게 머리에 기름 부음을 받고 백성과 하나님 사이에서 하나님의 공의와 사랑으로 백성을 통치해야할 사명을 부여 받았습니다.

하나님은 왕을 세우기 위해서 선지자인 사무엘을 통해 이스라엘을 가르치고 영적인 회개와 각성을 하도록 하셨어요. 사사시대와 같은 불순종과 우상숭배를 버리게 하기 위한 것이었습니다. 백성이 그동안 말씀에서 떠난 죄를 회개하고 하나님께 돌이켰을 때 하나님은 백성의 요청을 들어주시고 왕을 허락해 주셨어요. 그가 바로 베냐민 지파 출신의 초대 왕 사울이었습니다.

사울이 베냐민 지파 출신이라는 사실은 하나님의 긍휼을 보여줍니다. 베냐민 지파는 사사기 마지막 이야기에서 알 수 있듯이 범죄로 인해 다른 지파들을 통한 징계로 거의 사라질 위기에 있던 지파였어요. 그런 가장 작고 연약한 지파에서 사울을 선택하셔서 왕으로 세우셨습니다. 가장 작고, 보잘것없던 가문 출신인 사울은 처음에는 겸손했습니다. 그러나 권력을 얻자 교만해져서 두 가지

큰 죄를 짓습니다. 제사장 역할을 침범하고, 하나님께 제사로 드려야 하는 전쟁 수확물을 자신이 가졌어요. 처음에 가졌던 겸손과 헌신의 고백을 잊어버리고, 하나님보다 높은 마음이 되었습니다. 결국 사울왕은 하나님께 버림을 받게 되지요.

하나님은 사울을 심판하시고 다윗왕을 선택하셔서 세우셨어요. 그것으로 새로운 왕조를 시작하며 참된 왕으로서 이스라엘을 계속 통치하십니다. 하나님께서 세운 계획이 인간의 잘못으로 실패하더라도 하나님은 약속하신 바를 이루어 가십니다.

하나님은 우리를 자녀 삼으셨습니다. 그리고 인도해 가신다고 약속하셨습니다. 이 약속을 의지할 때 우리의 실패와 연약함에도 불구하고 하나님은 마지막까지 우리를 인도하신다는 것을 굳게 믿기 바랍니다.

적용

예수 그리스도를 영접하고 하나님의 자녀가 된 사실을 처음 알았을 때 우리의 마음은 어땠나요? 오늘 우리에게 하나님에 대한 처음 사랑이 있나요? 오늘 예배하며, 처음 가졌던 사랑을 회복하고, 하나님에 대한 간절함과 감사가 우리 안에서 회복 되기를 함께 기도합시다.

기도

하나님 아버지, 우리가 말씀에 순종하는 일에 실패할 때도 여전히 자녀로 인정하며 다스려 주심을 감사드립니다. 하나님의 신실한 인도와 섭리를 확신하며 평안을 누릴 수 있게 도와주옵소서.

사무엘상 3 | 하나님이 다윗을 선택하신 이유

주제 말씀 여호와께서 사무엘에게 이르시되 그의 용모와 키를 보지 말라 내가 이미 그를 버렸노라 내가 보는 것은 사람과 같지 아니하니 사람은 외모를 보거니와 나 여호와는 중심을 보느니라 하시더라 사무엘상 16:7
관련 말씀 사무엘상 16–31장

　사울은 타락한 후 하나님께 버림을 받습니다. 하나님의 말씀에 따라서 사무엘 선지자는 새로운 왕으로 선택받은 다윗에게 기름을 붓고 그를 세우지요. 그러나 다윗은 기름 부음 받고 난 직후, 실질적인 통치자가 된 것은 아닙니다. 사울은 심각한 범죄로 인해 하나님께 버림을 받았고, 그렇기에 왕의 자리에서 스스로 내려와야 했어요. 그러나 하나님보다 높아진 마음 때문에 왕의 자리에서 내려오지 않고, 기름 부음을 받은 다윗을 왕으로 인정하지 않습니다. 사울은 다윗을 질투하면서 그를 죽이기 위해 여러 번 시도를 합니다. 다윗은 수많은 고난에 시달립니다. 국경을 넘어 블레셋 진영에 들어가 미친 사람 흉내까지 내며 비참한 생활을 이어가죠.

　하나님은 왜 다윗에게 고난의 길을 허락하셨을까요? 그것은 다윗이 스스로 선택한 고난도, 범죄로 받게 된 징계도 아니었어요. 하나님은 긴 고난의 여정을 통해 그를 온전한 왕으로 다듬어 가셨습니다. 사울을 피해 도망 다닐 때 다윗은 사울을 죽일 기회를 두 번이나 얻게 돼요. 하지만 다윗은 사울에 대한 분노를 앞세우기보다 하나님의 주권적인 섭리와 계획을 먼저 인정했습니다. 이 과정

을 통해서 다윗은 왕의 직분을 개인의 욕망을 위해 사용하지 않고 철저하게 하나님의 다스림을 드러내기 위해 사용할 수 있도록 훈련할 수 있었어요. 이 고난은 연단한 후에는 정금처럼 나오게 하려는 하나님의 계획이었습니다.

우리가 살아가면서 때로는 이해하기 힘든 고난 속에 머물게 될 때가 있습니다. 이런 모든 고난을 하나님은 사용하십니다. 더 나아가 이 고난을 섭리하셔서 우리를 향한 선한 계획까지 이루십니다. 고난을 통해 온전한 하나님의 자녀로 빚어 가시고, 하나님의 긍휼과 사랑을 배우고 하나님의 마음을 품게 하십니다.

적용

혹시 어려움 가운데 있다면, 힘들고 고통스러운 이 과정 또한 아름답게 사용하실 하나님을 바라봅시다. 소망 가운데 인내할 힘을 달라고 기도합시다. 진실로 믿고 기도한다면, 하나님의 때에 먹구름이 걷히고 밝은 빛이 비치며 하나님께서 하나님의 계획을 보여주실 것입니다.

기도

하나님 아버지, 이해할 수 없는 고난을 만날 때, 절망하지 않게 도와주시고, 하나님을 끝까지 바라보는 인내를 허락해 주옵소서. 하나님이 이루실 선한 일을 바라보며 인내할 수 있는 힘을 더하여 주옵소서.

사무엘하 1 | 다윗은 실패해도 하나님은 실패가 없어요

주제 말씀 만군의 하나님 여호와께서 함께 계시니 다윗이 점점 강성하여 가니라 사무엘하 5:10
관련 말씀 사무엘하 1장

사무엘하는 다윗왕의 통치에 관한 말씀입니다. 사울왕이 죽은 후에도 다윗은 곧바로 왕이 되지 못하고, 사울왕의 남은 세력을 정리하고 통합하는 데 7년 6개월의 시간을 사용합니다. 이후 다윗은 이스라엘을 33년 동안 예루살렘에서 통치합니다.

사무엘하에는 처음에는 모든 백성에게 존경을 받는 왕으로서의 다윗의 이야기가 나와요. 하지만 후반에는 다윗이 저지른 심각한 범죄와 하나님께서 내리신 징계에 대한 내용이 훨씬 많이 언급되고 있어요. 다윗의 가장 큰 범죄는 밧세바를 범한 것과 이를 덮기 위해 충직한 신하 우리아를 전장에서 죽게 만들었던 것입니다. 이 죄로 하나님은 다윗에게 큰 징계를 내리십니다. 아들 암논이 누이동생 다말을 욕되게 하고 그 후 압살롬이 반란을 일으켜 다윗은 아들에게로부터 도망 다니는 처지에 이르게 되죠. 통치 말기에도 신하 세바의 반란으로 고통을 당하고, 다윗의 인구조사 범죄로 하나님의 징계를 받습니다.

믿음의 사람이라고 하더라도 성경은 그 사람의 부끄러운 범죄와 실패를 숨기지 않고 드러내고 있어요. 그것을 통해 성경은 하나님의 백성에 대한 구원이 사람의 능력과 힘으로 되는 것이 아니라, 오직 하나님의 신실한 언약과 언약을 행하시는 하나님의 능력

으로 이뤄지는 것임을 보여 줍니다. 사무엘하에서 가장 중요한 말씀은 다윗을 향한 하나님의 언약이에요. 다윗이 왕위를 유지할 수 있고 다음 세대가 왕조를 이어 갈 수 있는 근거는 다윗의 인간적인 지혜와 능력에 있는 것이 아니에요. 부족한 다윗을 통해서 하나님의 통치와 섭리를 영원토록 보여 주겠다고 하신 하나님의 언약에 있습니다. 하나님은 실패하지 않으세요. 하나님은 반드시 언약하신 말씀대로 행하십니다.

우리는 우리 스스로의 부족한 모습을 발견할 때 '이런 모습의 나도 과연 하나님께서 사랑하실까?' 하며 두려움을 느끼기도 합니다. 우리의 부족함에도 불구하고 하나님은 우리를 결코 포기하지 않으세요. 성령님을 통해 우리의 죄를 깨닫게 하시고, 통회하는 마음을 허락하십니다. 또한 지금까지 살아온 것과, 앞으로 살아갈 힘은 나에게서 나오는 것이 아니라, 오직 하나님에게서만 나온다는 사실을 알려 주십니다.

〰 적용

오늘 가정예배를 드리며, 우리 가정을 지키고 보호하는 것은 사람의 힘이 아닌 것을 기억합시다. 우리 가정은 오직 하나님의 능력으로 보호될 수 있음을 함께 고백합시다.

기도

하나님 아버지. 우리의 연약함에도 불구하고 자녀로 불러 주시고 믿음을 허락해 주셔서 감사드립니다. 부족한 모습을 깨달을 때마다 하나님 앞에 겸손할 수 있게 도와주셔서, 온전한 하나님의 자녀로 세워 주시길 원합니다.

사무엘하 2 | 영원한 왕조를 약속하신 뜻을 아나요?

주제 말씀 네 집과 네 나라가 내 앞에서 영원히 보전되고 네 왕위가 영원히 견고하리라 하셨다 하라 사무엘하 7:16
관련 말씀 사무엘하 2-7장

이스라엘 백성에게 하나님께서는 왕을 허락해 주셨어요. 하지만 첫 번째 왕인 사울은 하나님께서 부여하신 권한과 능력을 자기 욕심을 위해 사용했습니다. 하나님께서는 그런 사울에게 허락했던 능력을 거두어 가셨어요. 사울은 버림을 받게 된 것이죠.

하나님은 사울왕이 범죄함으로 실패하는 모습을 보시고 다시는 이런 범죄로 실패하지 않을 방법을 보여 주셨습니다. 그것은 바로, 다윗에게 영원한 왕조에 대한 언약을 주시는 것이었어요. 사무엘하 7장 16절에서 하나님은 다윗에게 "네 집과 네 나라가 내 앞에서 영원히 보전되고 네 왕위가 영원히 견고하리라"고 말씀하셨어요.

다윗과 그 후대의 왕들이 범죄하여 하나님을 떠난다 하더라도, 하나님이 징계하심을 통해 다시 돌아오게 하겠다고 약속하셨어요. 이 언약으로 하나님은 스스로 이 나라를 영원토록 책임지시고 다스려가겠다는 의지를 표현하신 거예요.

우리를 향한 하나님의 구원 역사는 사람의 능력이나 공로로 이루어지는 것이 아니에요. 인간인 우리는 계속해서 넘어지고 실패하지만, 하나님은 우리를 포기하지 않으시고 다시 말씀하시고 반복되는 언약의 말씀 위에서 이루어 가십니다. 우리는 하나님의 백성으로 살기에 늘 부족하고 연약하지만, 하나님은 실패 없이 언약하신 말씀을 지켜 나가시며 우리를 향한 사랑을 포기하지 않으시지요. 하나님은 약속하신 말씀대로 책임지고 인도해 가시는 신실하신 하나님이십니다.

우리가 받은 구원은 확실합니다. 그 이유는 우리 안에 있는 능력에 있지 않아요. 우리는 항상 말씀에 대한 순종에 실패합니다. 하나님은 우리가 이를 통해서 우리의 연약함과 우리 안에 선한 것이 없다는 것을 깨닫기 원하십니다. 단 한순간도 하나님의 은혜가 없이는 살 수 없다는 사실을 고백할 수 있어야 해요.

〰️ 적용

함께 예배하면서, 우리의 연약함을 깨닫게 된다면 하나님 앞에 정직하게 고백하기를 원해요. 우리 안에 선을 행할 능력이 없음과 오직 하나님께서 주시는 은혜와 능력으로만 살아왔음을, 앞으로도 하나님의 은혜로만 살아 갈 수 있음을 고백합시다.

🏠 기도

하나님 아버지, 우리의 연약함에도 불구하고 지금도 우리를 사랑하시며 인도해 주심을 감사드립니다. 말씀에 순종하지 못하는 연약함을 깨달을수록 더욱 겸손히 하나님 앞에 엎드리게 하소서. 우리 안에 선한 것이 없음을 깨닫고 더욱더 그 은혜 안에 머물기를 소망할 수 있는 은혜를 주시길 구합니다.

사무엘하 3 | 다윗왕의 회개

주제 말씀 다윗이 나단에게 이르되 내가 여호와께 죄를 범하였노라 하매 사무엘하 12:13상
관련 말씀 사무엘하 8-24장

하나님은 사무엘하 7장에서 다윗왕에게 영원한 왕조에 대한 언약을 하셨어요. 이 언약에 따르면, 왕이 범죄할 때 하나님은 인생이라는 채찍과 사람이라는 매로 징계하지만, 은총은 빼앗지 않겠다고 말씀하셨죠.

다윗왕은 사무엘하 11장에서 매우 큰 죄를 짓게 됩니다. 충직한 신하 우리아의 아내를 범하는 죄를 말이죠. 거기에 더하여 이 죄를 덮기 위해 남편 우리아를 부르지만 계획대로 되지 않자 다른 군사를 통해서 그를 죽을 수밖에 없는 자리에 서게 만들었어요. 결국 우리아는 죽게 됩니다.

성경은 이 모든 과정을 매우 구체적으로 기록하며 다윗왕이 저지른 범죄가 얼마나 참혹한지를 낱낱이 공개하고 있습니다. 다윗왕은 자신이 저지른 범죄를 덮으려 했지만, 하나님이 나단 선지자를 통해 죄악을 천하에 드러내고 마십니다. 이때 다윗은 하나님 앞에 자신이 저지른 잘못을 고백하고 회개하며 용서를 구해요.

다윗은 시편 51편에서 마음을 찢고 회개하는 고백을 하고 있습니다. 비록 큰 죄를 지었지만, 그가 하나님 앞에 자복하고 엎드렸을 때 하나님은 죄를 용서하셨어요. 사울처럼 그의 왕의 자리를 폐하지 않고 약속대로 하나님의 은총을 거두지 않으셨어요.

왜, 하나님은 엄청난 죄를 지은 다윗을 용서하시고, 왕위를 이어 가게 하셨을까요? 지은 죄만큼 똑같이 갚아 주실 수도 있고, 왕위를 폐하실 수도 있었을 것입니다. 그러나 그렇게 하시지 않은 이유는 하나님의 은혜는 우리의 죄보다 더 크기 때문입니다. 그 은혜로 다윗에게 영원한 왕조에 대한 언약을 허락하시고, 범죄로 넘어지더라도 회개할 기회를 주시며 인도해 가십니다.

성숙한 신앙이란 내가 얼마나 착한 일을 많이 하고 신앙적인 공로를 많이 쌓았는지와 비례하지 않습니다. 오히려 하나님 앞에서 얼마나 보잘것없는지, 또 얼마나 죄가 많은지를 깨닫는 것이 성숙한 신앙의 모습입니다. 우리의 죄의 깊이를 알수록 하나님이 얼마나 거룩하시고 사랑이 많은 분인지 비로소 알 수 있습니다.

≈ 적용

지금 예배 드리는 가운데 우리 안에 있는 어둠과 죄를 온전히 볼 수 있게 해달라고 기도합시다. 우리의 연약함과 죄에도 불구하고 우리를 사랑하시고 선택하셔서 자녀 삼아 주신 은혜가 얼마나 크고 놀라운지를 더 깊이 알도록 기도합시다. 오직 은혜로 지금까지 살아왔다는 사실을 함께 고백합시다.

기도

하나님 아버지, 부족한 우리에게 끊임없는 사랑과 은혜를 베풀어 주셔서 감사합니다. 우리의 연약한 모습을 볼수록 더욱더 하나님의 사랑과 은혜를 깨달을 수 있도록 도와주옵소서.

열왕기상 1 | # 이스라엘 왕들에 대한 기록

주제 말씀 주의 백성이 그들의 적국과 더불어 싸우고자 하여 주께서 보내신 길로 나갈 때에 그들이 주께서 택하신 성읍과 내가 주의 이름을 위하여 건축한 성전이 있는 쪽을 향하여 여호와께 기도하거든 주는 하늘에서 그들의 기도와 간구를 들으시고 그들의 일을 돌아보옵소서 열왕기상 8:44-45
관련 말씀 열왕기상 1-9장

열왕기서는 이스라엘 왕들에 대한 기록들을 열거해 놓은 성경입니다. 솔로몬왕부터 이스라엘 마지막 왕까지 기록하고 있죠. 이스라엘은 하나님께서 왕으로 세우신 사람이 얼마나 지혜롭게 통치하느냐에 따라 강해지지 않아요. 그 왕이 얼마나 성전 예배를 중심으로 말씀대로 다스리고 통치하느냐에 따라 나라의 강건함의 여부가 결정되었어요. 그럴 때에라야 제사장 나라로서의 비전을 성취할 수 있었습니다.

그러나 이스라엘은 솔로몬왕 말년부터 시작된 타락으로 인해 두개의 왕조로 분리가 됩니다. 다윗왕 직계 후손으로 이어지는 남쪽 이스라엘과 솔로몬왕을 돕던 신하가 새로운 왕조를 만든 북쪽 이스라엘으로 말이죠. 두 왕조는 모두 결국 범죄와 타락으로, 앗수르 제국과 바벨론 제국의 침략을 받아 멸망하게 됩니다. 이것은 하나님의 징계였습니다.

열왕기상 말씀은 크게 두 가지 내용이에요. 솔로몬왕에 대한 이야기와 그 후 남북으로 나누어진 이스라엘에 관한 이야기입니다. 나라가 둘로 나누어진 이후 아합왕과 선지자 엘리야에 관한 내용이 열왕기상 후반부의 내용입니다. 북이스라엘의 아합왕이 나쁜 왕의 모델이 될 정도로 극심한 타락의 모습을 보여 주면서, 동시에 하나님이 엘리야 선지자를 통해서 어떻게 회개를 촉구하고 기회를 주시는지 말씀하고 있습니다.

열왕기상은 하나님께서 베풀어 주신 값없는 은혜를 가볍게 여기고 자기 이익과 명예를 구할 때 어떻게 내리막 길을 걷는지를 보여 주고 있습니다. 믿음이 약해질 때, 하나님의 은혜를 잊어버릴 때 반드시 욕심과 불평과 정죄가 자리 잡게 됩니다. 더 나아가 잘된 일은 나의 공로로 돌리고, 잘못된 일은 하나님 탓으로 돌리게 됩니다. 욕심과 불평, 정죄가 마음에서 일어날 때 깨어서 하나님께 용서를 구하고 독생자를 주기까지 사랑하시는 하나님의 은혜를 기억해야 합니다. 마음과 행동을 돌이켜 감사함으로 하나님을 예배하는 삶을 살아야 합니다.

≈ 적용

가정에서 혹시 불평과 불만이 있었다면 그것에 대해 돌이켜 보고, 하나님과 가족에게 용서를 구하기 바랍니다. 우리 가정에 다시 한번 하나님에 대한 감사와 서로에 대한 감사가 넘쳐 나길 함께 기도해요.

기도

하나님 아버지. 오늘 예배하면서 우리 가운데 감사보다 불평과 원망이 있지는 않았는지 우리 마음을 돌아볼 수 있도록 도와주옵소서. 감사가 사라졌다면, 다시 한번 하나님을 향한 감사와 서로를 향한 감사가 회복될 수 있게 도와주옵소서.

열왕기상 2 | 솔로몬은 왜 타락하게 되었나요?

주제 말씀 오직 내가 이 나라를 다 빼앗지 아니하고 내 종 다윗과 내가 택한 예루살렘을 위하여 한 지파를 네 아들에게 주리라 하셨더라 열왕기상 11:13
관련 말씀 열왕기상 10-15장

열왕기상에서 가장 많은 내용은 솔로몬왕에 대한 이야기입니다. 그 이야기가 1-11장을 차지하고 있죠.

솔로몬은 왕으로 세워지며 하나님께 천 마리의 제물을 드리는 일천 번제를 한 번에 드렸어요. 그것을 기뻐하신 하나님께 솔로몬은 지혜를 구해서 백성을 잘 다스리게 됩니다. 솔로몬은 외국과의 교역도 탁월했어요. 국내에서는 안식일을 지키는 것을 우선으로 여겨 노동 정책을 펼쳐 백성을 돌봤고 주변 나라들과도 공의와 평화를 지키며 관계를 맺었습니다.

그러나 통치 후반기에는 외국과 불공정한 교역을 하고 하나님께서 주신 지혜를 개인적인 재산을 축적하는 것과 과 탐욕을 위해 사용했어요. 뿐만 아니라 백성을 압제하는 불의한 왕으로 변해 갑니다. 설상가상으로 주변 이방 민족들의 수많은 우상을 이스라엘로 들여옵니다. 솔로몬은 결국 하나님의 진노를 사게 됩니다. 진노한 하나님께서는 솔로몬의 손 안에 있는 나라를 찢어 신복에게 주십니다. 징계를 내리신 겁니다.

왜 솔로몬은 타락하게 되었을까요? 솔로몬이 아무리 훌륭하다 해도 그 역시 원죄를 가지고 태어난 죄의 오염 가운데 있는 사람이었습니다. 인간의 본성으로 타고난 죄성을 스스로의 힘으로 이

길 수 있는 사람은 없어요. 그래서 누구든지 항상 두렵고 떨리는 마음으로 하나님 앞에서 자기의 허물과 죄를 돌아보며 엎드려야 합니다.

사도 바울도 "오호라 나는 곤고한 자로다 누가 나를 사망의 몸에서 건지겠는가"하며 탄식했습니다. 하나님 앞에서 항상 기억해야 할 마음은 바로 사도 바울과 같은 마음이랍니다. 언제든지 넘어질 수 있기 때문에 부지런히 경건에 힘을 써야 합니다. 말씀을 통해 하나님을 아는 지식에 자라가야 합니다. 예배함으로 하나님을 경외하며 거룩한 하나님의 자녀로 살 수 있게 우리를 도우시는 하나님의 긍휼을 구해야 합니다.

적용

오늘도 함께 기도하며 우리 자신이 얼마나 죄 앞에서 연약한지 살펴봅시다. 우리 죄를 돌아보면서 하나님 앞에 회개하고, 오직 하나님의 은혜와 긍휼만을 의지하는 인생이 될 수 있기를 위해서 서로 기도하는 시간을 가집시다. 동시에 가족의 연약함을 품어 주면서, 사랑으로 안아 주기를 위해 기도합시다.

기도

하나님 아버지, 우리가 말씀대로 살려고 하지만, 마음과 행동으로 범죄할 때가 있습니다. 이런 연약함 때문에 하나님 앞에 서는 것이 두려울 때가 있습니다. 그럴 때에 우리를 향한 하나님의 사랑과 긍휼을 의지하며 회개하는 마음을 주셔서 담대하게 기도할 수 있게 하소서. 용서하시는 하나님을 의지하고 다시 한번 말씀대로 사는 은혜를 허락해 주옵소서.

| **열왕기상 3** | 하나님은 사랑과 공의의 왕이세요 |

주제 말씀 그러나 내가 이스라엘 가운데에 칠천 명을 남기리니 다 바알에게 무릎을
꿇지 아니하고 다 바알에게 입 맞추지 아니한 자니라 열왕기상 19:18
관련 말씀 열왕기상 16-22장

열왕기상 후반부는 북쪽 이스라엘 왕 아합과 엘리야 선지자에 대한 말씀입니다. 남쪽과 북쪽 왕들은 거의 대부분 우상을 숭배하고 탐욕으로 나라를 다스렸습니다. 이 중에서도 가장 악한 왕이 북이스라엘의 아합왕이었어요. 얼마나 악한지 악한 왕들의 기준이 될 정도였지요.

아합왕의 이야기에서 중요하게 등장하는 선지자는 엘리야입니다. 엘리야 선지자는 아합왕에게 하나님께서 주시는 말씀으로 계속 책망과 경고를 해요. 그러나 아합왕은 아내 이세벨을 따라 전국에 이방 신을 섬기는 산당을 만들고 하나님을 섬기는 선지자를 죽이거나 핍박했어요.

하나님은 아합을 징계하시며 3년 6개월 동안 비가 오지 않게 하십니다. 그러고는 엘리야로 하여금 갈멜산에 올라가 바알 선지자와 아세라 선지자를 불러 모으게 하십니다. 그 자리에 바알 선지자 450명이 모였고 하나님께서는 바알 선지자들 앞에서 불을 내려 주셔서 이스라엘의 왕이신 하나님을 보게 하셨지요. 그 후, 그 현장에서 우상 숭배를 하는 바알 선지자를 모두 심판하셔서 죽이십니다.

그렇게 하나님은 엘리야 선지자를 통해서 계속 경고하시지만,

38

아합왕은 아내를 따라 악행을 계속 저질러요. 급기야 21장에서 나봇이라는 사람의 포도원을 강제로 빼앗기까지 해요. 이것은 매우 심각한 사건이었습니다. 땅은 모두 하나님의 소유이기 때문입니다. 그러나 아합은 말씀을 무시하고 그 땅을 강탈하고 맙니다. 하나님은 크게 진노하셔서 아합왕과 아내 이세벨, 70명의 자녀들을 심판으로 죽일 것을 말씀하십니다.

하나님은 죄인을 향해 오래 참으시고 수많은 기회를 주시지만, 돌이키지 않을 때 결국 심판하십니다. 이 세상은 악이 만연해 있습니다. 하나님은 사랑으로 오래 참으십니다. 그래서 마치 악이 승리하는 것처럼 보일 때가 있지만, 하나님은 사랑의 하나님이자, 동시에 공의의 하나님이시기에 반드시 악을 심판하고야 마십니다. 그렇기에 악한 자가 잘 되는 것을 동경하지 말아야 해요. 하나님의 진노를 두려워해야 합니다.

적용

가까운 친구나 가족의 얼굴을 떠올려 보아요. 그 중에 하나님을 믿지 않는 이가 있나요? 그렇다면 그들이 속히 돌아오도록 기도합시다. 나의 사랑하는 친구와 가족이 복음을 듣고 구원을 얻을 수 있도록 기도합시다.

기도

하나님 아버지, 세상의 불의에 대해 지금도 오래 참으시며 복음의 기회를 열어 주셔서 감사합니다. 아직 복음을 받지 않는 가족, 친척, 친구들에게 공의로우신 하나님을 두려워하는 마음을 주옵소서. 그들이 속히 복음을 듣고 구원을 얻게 도와주옵소서.

열왕기하 1 | 이스라엘은 왜 멸망했을까요?

주제 말씀 여호와께서 이르시되 내가 이스라엘을 물리친 것 같이 유다도 내 앞에서 물리치며 내가 택한 이 성 예루살렘과 내 이름을 거기에 두리라 한 이 성전을 버리리라 하셨더라 열왕기하 23:27
관련 말씀 열왕기하 1장

열왕기하 말씀은 엘리사 선지자와 40명의 이스라엘 왕들에 관한 내용입니다. 엘리사 선지자는 북쪽 이스라엘을 향해 놀라운 기적으로 하나님의 통치를 보여 주지만, 범죄함에서 돌이키지 않은 이스라엘은 결국 앗수르 제국으로 인해 멸망을 당하게 됩니다. 남쪽 이스라엘도 비슷한 모습을 보이며, 바벨론 제국에게 멸망당하고, 마지막 왕은 포로로 끌려가는 수모까지 당하게 됩니다. 성전 또한 예루살렘과 함께 폐허로 변하게 되죠.

왜 다윗 왕조는 멸망당할 수밖에 없었을까요?

이스라엘 왕들은 자신의 개인적인 지혜가 아니라, 하나님을 바르게 예배하고 하나님의 말씀에 순종하여 다스리는 것을 통해 하나님의 통치를 드러나게 하는 사명을 가진 이들이었어요.

하지만 왕들은 거의 대부분 말씀에서 벗어나 죄를 지었습니다. 끊임없이 약 열두 명이나 되는 선지자들에게 책망을 듣고 다시 하나님께 돌아올 것을 촉구받았어요. 그러나 왕들은 반복해서 불순종하는 역사를 이어 가며 하나님의 진노를 쌓지요. 결국 나라를 잃게 됩니다. 그러나 이것으로 역사가 완전히 끝난 것은 아니에요. 이스라엘의 마지막 왕이 비록 포로이지만 바벨론에서 왕의 지

위가 회복되는 모습으로 마무리가 됩니다.

하나님은 선택한 이스라엘을 징계로 벌하시지만, 그 징계가 완전한 멸망은 아니었습니다. 회복을 위한 기회를 허락해 주십니다. 하나님은 공의로 죄에 대해 벌하시지만, 동시에 긍휼하심으로 회복을 허락하십니다.

우리와 함께하시는 하나님은 지금도 선택한 백성이 범죄할 때 혹독한 징계를 내리십니다. 그 징계를 내리시는 목적 또한 동일합니다. 선택한 백성인 우리를 회복시키기 위함입니다. 하나님은 부족해도 고치고 회복시켜서 쓰십니다. 하나님 안에서 완전하지 않아도 낙심하거나 절망하지 맙시다. 하나님은 부족함을 모른 채 교만한 것보다, 부족함으로 애통하는 겸손한 자를 기뻐하십니다.

적용

오늘 예배드리며, 나의 연약함을 하나님께 고백합시다. 오히려 연약함이 하나님의 일하심의 도구가 될 수 있기를 위해 함께 기도합시다.

기도

하나님 아버지, 우리는 너무나 약하여 지치고 쓰러지고 낙망할 때가 많습니다. 이런 모습을 이 시간 정직하게 고백하고 내어놓습니다. 우리를 긍휼히 여겨 주셔서, 우리 가정의 약함이 하나님의 강함을 증거하는 기회가 될 수 있게 도와주옵소서.

| 열왕기하 2 | 타락한 시대에도 하나님이 통치하시나요?

주제 말씀 이르되 너는 그것을 집으라 하니 그 사람이 손을 내밀어 그것을 집으니라 열왕기하 6:7
관련 말씀 열왕기하 2–10장

열왕기하 10장까지는 엘리야와 엘리사 선지자의 사역에 대한 말씀이 담겨 있습니다. 당시 북이스라엘은 역사상 악한 왕의 대명사가 된 아합왕의 다스림 아래, 영적 암흑기를 지나고 있었어요. 이런 가장 암울한 때에 엘리야 선지자의 사역은 열왕기상부터 열왕기하 2장까지 이어집니다.

엘리야는 놀라운 기적을 통해 엘리사에게 선지자 직분을 전승합니다. 그 후 엘리사는 이스라엘뿐만 아니라, 모압과의 전쟁, 아람 군대의 장관에게까지 하나님의 능력을 끼칩니다.

왜 열왕기는 이렇게 두 명의 선지자가 활동하는 모습을 자세하게, 많은 지면을 할애하며 보여 줄까요? 그 이유는 영적인 암흑기에도 하나님은 여전히 살아 계셔서 역사하고 통치하신다는 것을 보여 주기 위해서입니다.

엘리야는 변하지 않는 이스라엘의 상황을 보며 절망했어요. 엘리야는 결국 호렙산에 이르러 동굴 속에서 아무런 열매가 없는 선지자의 역할에 대해 하나님께 하소연을 하죠. 하나님은 엘리야가 결코 혼자가 아니라는 것과 7천 명이나 되는 믿음의 사람들을 남겨 두셨다는 것을 말씀하십니다. 또 아합왕에 대한 심판과 이방 민족을 향한 계획을 말씀하셨습니다.

동시에 하나님께서 하실 일에 대한 열매를 엘리사를 통해서 보여 주셨어요. 엘리야는 소망이 없는 이스라엘에 대해 절망하지만, 하나님은 엘리사를 통해서 약속한 말씀을 이루시며 여전히 이스라엘뿐만 아니라, 이방 민족까지 다스리시고 섭리하심을 보여 주십니다. 엘리사 선지자를 통해 하나님께서 하신 대로 얼마나 능력 가운데 행하시는지를 상세하게 보여 주십니다.

우리는 가끔 기도를 해도 변하지 않는 환경과 문제를 경험할 때가 있습니다. 그 어려운 환경과 문제 앞에서 하나님이 계시지 않는 것처럼 느낄 때도 있습니다. 그러나 하나님은 여전히 살아 역사하시며 하나님의 계획을 이루는 분이십니다.

하나님을 향한 인내는 소망을 이루게 됩니다. 다만 우리가 조급한 마음으로 하나님의 섭리를 믿지 못할 뿐입니다.

〰 적용
하나님은 여전히 그 자리에 계시고 우리를 향한 계획을 이루어 가십니다. 혹시 낙담되는 상황이 지속되더라도, 실망치 맙시다. 오늘 예배하며 하나님의 살아 계심과 심과 섭리를 믿고 확신할 수 있도록 기도합시다.

기도
하나님 아버지. 우리의 좁은 시각으로 하나님을 작게 보고, 없는 것처럼 생각했다면 용서해 주옵소서. 여전히 살아 계시며, 선택한 자녀를 향한 하나님의 계획을 이루고 계심을 믿음으로 바라볼 수 있도록 도와주옵소서.

열왕기하 3 | 참된 회복은 어떻게 가능할까요?

주제 말씀 왕이 율법책의 말을 듣자 곧 그의 옷을 찢으니라 열왕기하 22:11
관련 말씀 열왕기하 11-25장

    열왕기하 11장부터 마지막 25장까지는 남쪽 이스라엘과 북쪽 이스라엘 왕들에 대해서 말씀하고 있습니다. 왕들은 남쪽과 북쪽 이스라엘을 모두 합해 약 40명에 이릅니다. 악한 왕들이 대부분이었지만, 남쪽 이스라엘 왕들 중에서 바른 신앙을 가지고 이스라엘을 개혁하려고 시도한 왕이 있었는데 대표적인 사람이 요시아왕(왕하 22-23)이었습니다.

    요시아왕은 성전을 수리하던 중에 율법책을 발견합니다. 원래 제사장이나 왕은 항상 모세오경인 율법책을 언약궤 곁에 두고 읽어야 했습니다. 그러나 왕들이 하나님을 바르게 예배하지 못하면서, 하나님께서 주신 말씀을 업신여기게 되었습니다.

    요시아왕은 율법책을 발견하고, 읽으면서 깊이 회개합니다. 스스로 자복할 뿐만 아니라, 모든 백성을 불러 모아 발견된 말씀을 듣게 합니다. 남쪽 이스라엘 백성은 한마음으로 회개하고 말씀으로 살기로 다짐합니다. 이것이 요시아왕의 종교 개혁입니다.

    이스라엘 왕조 역사에서 종교 개혁은 말씀을 읽고 듣는 데서 시작했습니다. 그 말씀으로 죄를 자복하고 회개하며, 과거의 잘못된 모습을 돌이켰습니다. 신앙은 항상 하나님 앞에 개혁되어야 합니다. 이 개혁은 바로 말씀으로 돌아가는 것에서 시작합니다. 말씀

을 듣고, 깊이 생각하며, 말씀에서 벗어난 생각과 말과 행위를 바꾸는 것입니다.

이 개혁은 다른 사람을 지적하고 비난하는 것으로 시작하는 것이 아니라, 내가 스스로 하나님 앞에서 나를 돌아보며, 내 자신의 문제를 살피고 깨닫고 엎드리는 데서 시작합니다.

우리는 사회적인 문제나 교회의 문제를 보면서 개혁을 말합니다. 잘못을 지적하고 정죄하면서 고쳐야한다고 지적합니다. 때로는 가정의 문제를 놓고 서로를 비판하기도 합니다. 그러나 예수님은 다른 사람을 비판하고 문제를 지적하기에 앞서서 내 눈의 들보를 먼저 보라고 말씀하십니다(마 3:3-5).

적용

혹시, 우리 가정에 서로를 향한 정죄가 있지는 않나요? 불평과 판단, 정죄하는 마음을 내려놓고 먼저 우리 자신에게 문제가 없었는지 살펴보는 시간을 가지면 좋겠습니다. 서로의 잘못은 품읍시다. 나의 잘못은 고백합시다. 이것이 샬롬의 시작입니다.

기도

하나님 아버지, 신앙의 개혁과 회복에 대한 말씀을 허락해 주셔서 감사드립니다. 다른 사람이 변하기를 바라기 전에 내가 먼저 하나님 앞에서 회개하고 거룩한 모습으로 변할 수 있게 도와주옵소서.

역대상 1 | 역사를 돌아보며 회복을 소망해요

주제 말씀 아담, 셋, 에노스, 게난, 마할랄렐, 야렛, 에녹, 므두셀라, 라멕, 노아, 셈, 함과 야벳은 조상들이라 역대상 1:1-4
관련 말씀 역대상 1장

역대기는 '이스라엘 연대에 관한 기록'이라는 뜻입니다. 역대기 말씀은 열왕기 말씀과 같이 이스라엘 역사 전체를 다루고 있습니다. 그러나 이스라엘 역사를 바라보는 관점이 서로 사뭇 달라요. 열왕기는 바벨론으로 끌려간 직후에 기록되었고, 역대기 성경은 바벨론 포로에서 해방된 후에 기록되었기 때문입니다. 역대기는 열왕기와는 다르게 과거 역사를 돌아보며 재건에 대한 소망을 가질 이유에 대해 다루고 있습니다.

역대기는 바벨론 포로에서 돌아온 백성에게, 하나님은 여전히 이스라엘 백성에게 왕으로 계시고, 이스라엘 백성은 여전히 하나님이 선택하신 민족이라는 사실을 확인해 줍니다. 포로에서 돌아온 백성에게 펼쳐진 현실적인 상황이 너무나 참담하고 어려웠기 때문에 이러한 확신이 필요했습니다.

이스라엘 백성은 절망적인 현실 앞에서, '과연 하나님은 여전히 우리의 왕으로서 통치하시는지, 그리고 우리는 여전히 하나님의 백성인지'에 대해서 깊은 회의감이 들었어요. 이때 하나님은 강력하게 말씀하십니다. 이스라엘은 여전히 선택한 당신의 백성이며 하나님의 언약 가운데 있다는 확실한 말씀이었어요. 그것은 이스라엘이 아담부터 시작된 민족이라는 선언이었습니다. 그 뿌리가

창조 때부터 시작된 민족이며, 하나님이 자손들까지 보존하고 지키고 계심을 강하게 말씀하고 있습니다. 역대상 1장은 절망 가운데 있던 이스라엘 백성에게 너무나 기쁜 복음이었습니다.

하나님은 한 번 선택한 백성은 절대 포기하지 않으십니다. 그러나 이 사실을 알고 있으면서도 우리는 삶의 광야를 지날 때면 의심하는 마음을 가지게 되곤 합니다. '우리를 왜 이런 어두운 곳에 버려두시나'하고 말입니다. 그러나 이스라엘에게 약속의 하나님이 되어 주시고 마지막까지 그들을 통치하셨던 하나님을 기억하길 바랍니다.

적용

힘들고 고단할 때 기억하고 고백합시다. 하나님은 지금도 살아계신 나의 아버지이십니다. 선한 목자이신, 푸른 초장과 쉴 만한 물가로 인도하시는 분이심을 고백합시다. 이제 어려운 환경을 통해서 하나님을 보는 것이 아니라, 하나님의 살아 계심을 통해서 환경을 봅시다. 하나님이 이 모든 과정을 어떻게 섭리하시는지 알게 하실 것입니다.

기도

하나님 아버지, 어려운 문제를 만나더라도 믿음 가운데 붙잡아 주셔서 감사합니다. 하나님께서 베푸시는 은혜에 감사하며 항상 약속하신 말씀 가운데 거할 수 있도록 인도해 주옵소서.

역대상 2 | 이스라엘은 실패한 역사인가요?

주제 말씀 온 이스라엘이 그 계보대로 계수되어 그들은 이스라엘 왕조실록에 기록되니라 역대상 9:1
관련 말씀 역대상 2-9장

역대상은 1-9장과 10-29장으로 나눌 수 있어요. 1-9장 말씀은 모두 족보로 이루어져 있습니다. 이 족보는 아담부터 시작해서 당시 포로에서 귀환한 백성까지 연결이 되고 있어요.

족보는 단순히 육신적인 혈통을 확인하는 문서가 아닙니다. 족보는 하나님께서 선택한 백성을 어떻게 고난과 어려움 가운데서 이끌어 오시고 약속하신 복을 주셨는지에 대한 과정을 보여 줍니다. 또한 아담부터 시작된 구원을 위한 계획을 하나님이 어떻게 이루셨는지, 그 섭리를 기록한 역사입니다.

역대기를 처음 읽는 당시의 이스라엘 백성은 완전히 멸망당했던 기억을 가지고 있었습니다. 그들은 스스로를 선택받은 민족이라고 생각했지만, 약속의 땅을 빼앗겼고, 포로 생활까지 해야 했습니다. 그 후 다시 고향으로 돌아와 예루살렘 성벽과 성전을 재건하긴 했지만 생각처럼 과거 솔로몬 때와 같은 세력을 회복하지 못했습니다.

70년 만에 돌아온 백성 중에는 포로 기간 중에 태어난 사람들이 대부분이었어요. 이스라엘이 과거에 누린 영화는 단지 이야기에 불과할 뿐이었습니다. 이스라엘 백성은 열악한 환경에서 살아가면서 '과연 우리가 여전히 하나님의 백성인가?' 하는 질문을 가

지게 되었습니다. 그런 그들에게 하나님은 이 족보를 통해서 다시 한번 확신하게 하십니다. '우리는 여전히 하나님의 계획 가운데 있는 선택받은 백성이구나!'하는 사실을 말입니다.

우리는 살아가면서 가끔 '나는 누구인가'하는 정체성에 대한 질문을 합니다. 특별히 인생에 위기가 올 때 그것을 극복하기 위해서는 우리의 정체성을 분명하게 해야할 때가 있습니다. 위기를 극복하는 힘이 정체성에서 올 때가 있기 때문입니다.

우리는 누구일까요? 우리는 우리가 처한 상황에 따라 여러 이름으로 불리기도 하지만 분명한 사실이 하나 있습니다. 우리가 가진 이름 중 가장 중요한 이름이 '하나님의 자녀' 라는 이름이라는 사실입니다. 이것을 분명하게 고백한다면, 어떤 환경 가운데서도 자기 자녀를 돌보시고 지키시며 어려움을 이기는 힘과 능력을 더해 주시는 하나님의 은혜를 경험하게 될 것입니다.

적용
오늘 예배하며 함께 고백해 봅시다. 소리를 내고 마음을 담아 함께 고백합시다. "우리는 하나님께서 너무나 사랑하는 자녀이고, 하나님은 우리 아버지이십니다."

기도
하나님 아버지, 어렵고 힘든 환경에서 살아가는 이스라엘 백성에게 하나님의 돌보심과 섭리를 기억할 수 있는 말씀을 주셔서 감사드립니다. 우리도 힘든 고난 속에 살더라도 여전히 하나님께서 사랑하는 백성이고 앞으로 약속 가운데 인도해 주실 것을 믿고 살아가게 도와주옵소서.

역대상 3   돌아온 이스라엘을 누가 통치하나요?

주제 말씀   네 생명의 연한이 차서 네가 조상들에게로 돌아가면 내가 네 뒤에 네 씨 곧 네 아들 중 하나를 세우고 그 나라를 견고하게 하리니 역대상 17:11
관련 말씀   역대상 10-29장

   역대상 후반부 10-29장에는 다윗왕에 관한 말씀을 중심으로 사울과 솔로몬에 대한 내용이 나옵니다. 특히 다윗 언약에 관한 말씀이 그 중심에 있습니다. 다윗 언약은 하나님이 다윗에게 영원한 왕조를 주시고, 다윗이 세운 나라를 영원히 견고하게 붙들어 주신다는 약속의 말씀입니다.

   역대기 전체 말씀에서 중요한 것이 이 다윗 언약입니다. 이스라엘 백성은 포로에서 돌아왔지만, 이스라엘 왕이 통치를 하는 것이 아니라, 바사(페르시아)의 통치를 받고 있었습니다. 그러나 하나님은 역대상 말씀을 통해 역사의 단절을 경험하고 있는 이스라엘에게 여전히 하나님께서 이스라엘의 왕으로서 그들을 다스리고 있다고 이야기하십니다. 특히 사무엘하 7장 12절에서 "내가 네 몸에서 날 네 씨를 네 뒤에 세워 그의 나라를 견고하게"라는 말씀을 역대상 17장 11절에서 "내가 네 뒤에 네 씨 곧 네 아들 중 하나를 세우고"라는 말씀으로 다시 언급하십니다. 이는 구제척이고 주권적인 하나님의 간섭하심을 강조하는 것입니다. "다윗, 너의 왕조는 사실은 나 여호와가 임명한 나에게 속한 왕이다." 라는 사실을 말씀하시는 것이죠. 이것은 사무엘하에 언급된 다윗 언약에 내포된 왕조 통치에 대한 하나님 주권을 더욱 강조하는 말씀입니다.

하나님이 진정한 왕으로서 사울왕에 대한 기사와 솔로몬에 대한 기사를 통해서, 하나님이 직접 왕을 세우고 폐위시키셨다는 사실을 강조하며, 하나님이 여전히 암흑과 같은 시대를 이끌어 가고 있다는 말씀을 주십니다. 포로에서 돌아온 백성은 바사(페르시아)의 통치를 받는 것처럼 보이지만, 실제로는 하나님께서 여전히 통치하고 있었습니다.

이 세상은 어떤 힘으로 움직이고 있을까요? 눈에 보이는 정치인, 기업인 등의 어떤 권력을 가진 이들이 그들의 힘으로 세상을 움직이는 것처럼 보입니다. 우리의 삶에도 그들이 영향을 강하게 미치고 있는 것처럼 느껴집니다. 그러나 실상은 그렇지 않습니다. 이 세상은 오직 하나님의 주권 아래에서 움직입니다. 하나님께서 세상을 운행하시는 것입니다.

적용

하나님께서 선택하신 자녀들에게 일어나는 모든 일은 하나님의 섭리 아래에 있습니다. 하나님께서 주관하고 인도해 가십니다. 함께 예배하면서, 하나님의 선하신 인도와 섭리를 믿는 믿음을 달라고 기도합시다. 하나님께서 어떻게 고통을 선으로 바꾸시는지 언젠가 깨닫게 하실 겁니다.

기도

하나님, 눈에 보이는 세상의 통치자들을 의지하는 것이 아니라, 믿음 안에서 하나님의 통치와 주권을 인정하고 의지할 수 있도록 도와주옵소서. 그 믿음이 있을 때 하나님이 주시는 은혜와 회복을 경험할 수 있습니다. 믿음과 순종의 마음이 있도록 도와주옵소서.

역대하 1 | 죄에서 돌이킬 때 응답하시는 하나님

주제 말씀 내 이름으로 일컫는 내 백성이 그들의 악한 길에서 떠나 스스로 낮추고 기도하여 내 얼굴을 찾으면 내가 하늘에서 듣고 그들의 죄를 사하고 그들의 땅을 고칠지라 역대하 7:14
관련 말씀 역대하 1-9장

　역대하 말씀은 솔로몬왕에 대한 내용이 1-9장까지이고, 10-36장까지의 말씀은 남쪽 유다 왕들에 대한 말씀이에요.

　이 말씀은 열왕기에도 동일하게 나오는 말씀입니다. 동일한 역사적 사실이지만 자세히 보면, 강조점이 조금 다릅니다. 열왕기는 언약에서 벗어나 징계를 받을 수밖에 없었던 왕들의 잘못에 대해 기록했다면, 역대하는 악한 왕들이라도 회개했을 때 하나님께서 어떻게 용서하시고 이스라엘을 이끌어 가시는지에 대한 내용을 기록하고 있습니다. 열왕기는 심판에 초점이 있다면, 역대기는 회복에 초점이 있습니다.

　'회복'이라는 주제는 역대기를 읽는 하나님의 백성에게 매우 중요했습니다. 이스라엘 백성들은 바벨론 포로에서 돌아와서 어떻게 하면 다시 이 나라를 과거처럼 세울 것인가에 관심이 많았습니다. 이때 하나님은 역대기를 통해서, 과거 이스라엘 왕들이 징계에서 회복하게 된 이야기를 다루며 하나님 앞에서 다시 한번 신앙적 회복을 하게 함으로써 이스라엘을 다시 세워 주실 것에 대한 말씀을 하고 있습니다.

　회복에 관한 역대기서의 핵심적인 말씀은 역대하 7장 14절입니

다. "악한 길에서 떠나 스스로 낮추고 기도하여 내 얼굴을 찾으면 내가 하늘에서 듣고 그들의 죄를 사하고 그들의 땅을 고칠지라." 온전한 회복은 우상숭배와 탐욕과 이기적인 모습을 회개하고 악한 행위를 버리며 하나님께 겸손한 모습으로 간구할 때 가능했습니다. 그래서 역대하는 이스라엘 왕들 중에서 악한 왕이라도 회개하고 악한 길에서 돌이킬 때 하나님이 응답하시며 회복을 주셨던 역사를 말해 줍니다.

하나님은 우리에게 은혜와 복을 주시기 원하십니다. 우리가 이것을 누리고 받아야 하지만, 누리지 못하는 이유는 하나님께 있지 않고 우리에게 있는 경우가 있습니다. 그것은 하나님이 보시기에 거룩하지 않은 모습입니다. 우리가 하나님 앞에 회개하더라도, 여전히 악한 길을 떠나지 않고 반복하며 행위를 돌이키지 않는다면, 더 이상 하나님은 우리의 삶에 간섭하실 수 없습니다.

적용

혹시 나에게 반복되고 해결하지 못한 죄가 있다면 회개하고, 악한 길에서 떠날 수 있는 거룩한 의지를 더해 달라고 기도합시다. 거룩을 갈망할 때 하나님은 기뻐하시며 선한 마음과 의지를 더해 주십니다.

기도

하나님 아버지, 우리에게 아직도 하나님이 기뻐하지 않으시는 죄악된 습관과 온전치 못한 모습이 있다면 용서해 주옵소서. 우리가 거룩하지 않은 모습 때문에 하나님이 주실 은혜와 긍휼을 받지 못한다면, 이 시간 돌이킬 수 있는 의지와 힘을 더해 주옵소서.

역대하 2 | 이스라엘 역사는 어떤 의미가 있나요?

주제 말씀 여호사밧이 두려워하여 여호와께로 낯을 향하여 간구하고 온 유다 백성에게 금식하라 공포하매 유다 사람이 여호와께 도우심을 구하려 하여 유다 모든 성읍에서 모여 와서 여호와께 간구하더라 역대하 20:3-4
관련 말씀 역대하 10-36장

포로에서 돌아온 이스라엘 백성은 나라를 재건하는 것에 갈급했습니다. 역대하 말씀은 구체적인 사건들을 통해 이스라엘의 회복에 대한 이야기를 하고 있습니다. 그중 특별히 여호사밧 왕의 이야기는 열왕기에서는 한 장 분량이지만 역대하에서는 모두 네 장을 할애하였습니다. 그만큼 중요한 비중을 차지하지요. 이 기록을 통해 온전한 회개를 포함하고 있는 간구를 하나님께서 들으신다는 것과 하나님께서 어떻게 위기를 승리로 바꾸시는지 알려 주고 있습니다.

역대하 20장에서 모압, 암몬, 마온 연합군이 쳐들어왔을 때, 여호사밧왕은 이전에 악한 아합왕과 연합했던 잘못을 철저하게 회개하고 엎드렸습니다. 이때 하나님은 오직 찬양대의 찬송만으로 연합군이라는 대적을 물리치는 역사를 허락해 주셨습니다.

비록 이스라엘은 죄악의 역사를 가지고 있고 그에대한 결과로 하나님이 허락하신 징계를 경험한 백성이지만, 하나님이 역사하셔서 그 나라와 백성을 다시 세워주시는 것을 역대기는 보여줍니다. 하나님은 살아 계셔서 역사하시며 여전히 이스라엘의 왕이 되어 주십니다.

# 46

  한 나라의 재건은 경제력이나 군사적인 힘에 달려 있지 않습니다. 그것은 하나님 앞에 자복하며, 겸손히 엎드려 간구하는 것에 달려있습니다. 전심으로 하나님의 일하심을 의지하며 간구할 때 하나님은 폐허가 된 땅이라도 하나님의 나라로 만들어 가십니다.

  우리도 인생에서 갑자기 닥쳐온 위기를 극복하려면 어떻게 해야 할까요? 재력이나 권력과 같은 인간적인 힘이 있으면 가능할까요? 그렇지 않습니다. 사람의 능력으로 해결하지 못하는 일이 얼마나 많은지 모릅니다. 그러나 전능하신 하나님은 다릅니다. 하나님은 백성의 찬양만으로도 대적을 모두 물리쳐 주시는 분이십니다. 하나님을 경외하는 마음으로 겸손하게 엎드리고 자복하며 간구하는 것이 우리의 가장 큰 힘과 능력입니다.

적용

하나님은 전능하시며 능치 못한 일이 없습니다. 우리의 삶에 위기를 만난다면 인간적인 힘을 의지하기에 앞서 먼저 하나님 앞에 낮은 마음으로 겸손히 엎드리고 그 얼굴을 구하며 간구합시다. 하나님은 반드시 겸비한 자녀의 간구를 듣고 계심을 믿고 의지합시다.

기도

하나님 아버지, 감사합니다. 두려움과 불안 속에서 앞일을 걱정하던 백성에게 회복을 위한 길을 보여 주시는 것을 알게 하시니 감사합니다. 우리가 혹시 하나님 앞에 온전하지 못했던 부분이 있다면 깨닫게 하셔서 통회하고 자복하는 마음으로 하나님 앞에 엎드리게 하소서. 그때에 우리 환경과 문제를 고쳐 주시고 회복시켜 주시는 은혜를 허락해 주옵소서.

에스라 1 | 어떤 고난이라도 선하게 사용하세요

주제 말씀 이스라엘의 하나님은 참 신이시라 너희 중에 그의 백성 된 자는 다 유다 예루살렘으로 올라가서 이스라엘의 하나님 여호와의 성전을 건축하라 그는 예루살렘에 계신 하나님이시라 에스라 1:3
관련 말씀 에스라 1-2장

　에스라 성경은 바벨론에서 포로 생활을 하다가 예루살렘으로 돌아온 이스라엘 백성에 관한 말씀이에요. 에스라는 성경을 가르치는 학자였지요. 바벨론에서 포로 생활을 하고 있던 중에 해방되어 이스라엘로 돌아옵니다.

　당시 새롭게 떠오르던 강국인 바사(페르시아) 제국의 고레스왕이 바벨론을 멸망시켜요. 그리고는 이스라엘 백성에게 고향으로 가서 성전을 지으라고 명합니다. 이제야 이스라엘 백성은 70년 만에 자유를 얻습니다. 이때 하나님이 고레스왕의 마음을 움직이셔서 과거 바벨론 사람에게 빼앗겼던 예배를 위한 성전의 기구들도 모두 돌려받게 하십니다.

　고향으로 돌아가는 이들의 이름까지 2장에서 상세하게 기록하고 있습니다. 고향으로 돌아가기 위해 준비되는 과정은 '제2의 출애굽'이라고도 할 수 있지요. 하나님은 이스라엘 백성에게 고난을 사용하여 연단시켜서 장차 오실 예수 그리스도를 예비할 수 있는 토대를 만들어 주셨습니다.

　성경은 바벨론 포로로 끌려가서 고난받던 사람들에 대해서 '믿음을 지키며 살아온 사람들'이라고 이야기합니다(사 1:6-9, 6:13). 이들은 자유가 없고, 법적인 신변 보호도 받지 못하며, 이방 민족들 가운데서도 권리를 행사하며 살 수 없었어요. 이런 어려움 속에서도 회복에 대한 소망을 가지고 인내한 사람들이었던 것이죠. 하나님은 고난으로 연단된 사람들을 약속대로 고향으로 돌려보내시며 새로운 구원 역사를 펼치십니다.

하나님의 자녀가 고난을 당할 때가 있습니다. 고난은 우리를 지치고 고통스럽게 하지요. 그렇기 때문에 고통은 쓸 데 없는 시간이라고 생각할 수도 있습니다. 그러나 하나님 안에서 의미 없는 시간은 없으며, 고난의 시간 또한 귀한 의미를 가집니다. 하나님은 모든 고난을 우리를 향한 계획에 사용하십니다.

적용

하나님께서 고통의 시간도 합력하여 선을 이루시는 것으로 사용하십니다. 이것을 믿는 믿음이 있다면 고통 가운데서라도 조금 더 힘을 내어 볼 수 있습니다. 언젠가 하나님께서 그 시간을 통해 우리를 어떻게 성장시키시고, 얼마나 놀라운 일을 행하셨는지 알게 하실 겁니다. 또한 하나님은 지금의 어려움도 너무나 잘 알고 계십니다. 임마누엘 하나님께서 여전히 함께 하고 계십니다. 언젠가 하나님의 때에 은혜와 회복으로 갚아 주실 것입니다. 그것을 믿는 믿음을 하나님께 고백해 봅시다.

기도

하나님 아버지, 고난 가운데 있더라도, 믿음을 잃지 않게 도와주옵소서. 하나님께서 우리의 처지와 상황을 아시고, 이 모든 고난을 사용하셔서 선으로 인도해 주실 것을 믿습니다. 이 모든 것이 은혜로운 간증으로 바뀔 수 있도록 도와주옵소서.

| 에스라 2 | 왜 약속의 말씀을 누리지 못할까요?

주제 말씀 이스라엘의 하나님 여호와여 주는 의로우시니 우리가 남아 피한 것이 오늘날과 같사옵거늘 도리어 주께 범죄하였사오니 이로 말미암아 주 앞에 한 사람도 감히 서지 못하겠나이다 하니라 에스라 9:15
관련 말씀 에스라 3-10장

이스라엘 백성은 세 번에 나누어서 돌아오는데 에스라는 두 번째 귀환할 때 오게 됩니다. 하나님은 구원을 위한 하나님 나라를 시작하실 때 네 가지를 준비하셨어요. 왕이신 하나님, 통치를 받는 백성, 통치를 받는 땅, 그리고 백성이 지켜야 할 법이었습니다.

첫 번째 귀환을 한 이들이 성전 건축을 시작하고 그것이 다 이루어지고 난 후에는 백성을 다시 재건해야 했는데 이 일로 특별한 사명을 부여받은 자가 에스라였습니다. 하나님의 통치를 받는 백성은 하나님 나라의 법에 순종하고 하나님의 백성다운 모습을 갖추어야 했습니다.

그러나 성전 건축이 잠시 멈추게 되고, 그 사건을 통해 하나님은 백성이 두려움과 불안으로 말씀에 순종하지 못하는 모습을 드러내 보여 주셨습니다. 이방 민족이 방해를 해서 성전 건축이 멈춘 것처럼 보이지만, 실상은 포로에서 돌아온 백성의 앞날에 대한 걱정이 성전 건축 중단의 이유였어요.

특히 에스라는 9장에서 모든 이스라엘 백성을 모으고 하나님 앞에 회개 운동을 펼칩니다. 하나님이 왕으로 임재하시는 성전이 만들어졌는데, 아직도 백성은 준비되지 못했기 때문이에요. 이들

은 암담한 현실 앞에서 이방인들과 혼인하며, 하나님의 백성으로서 자격을 갖추지 못했습니다. 이스라엘 사람들은 회개 운동으로 이방인 가족을 떠나 보내는 고통을 감내해야 했습니다.

회개는 과거의 삶을 떠나보내는 것입니다. 진정한 회복은 내적 신앙의 변화에서 시작됩니다. 이 변화는 회개에서 시작되는데, 하나님이 깨닫게 하신 죄를 입술로 고백할 뿐만 아니라, 하나님이 기뻐하시지 않는 말과 행동을 제한해야 하는 결단이 필요합니다. 힘이 들어도 그렇게 할 때라야만 진정한 회복의 역사가 일어납니다. 반복되는 죄의 습관을 끊기는 어렵습니다. 그러나 성령 하나님께서 선한 의지와 능력을 더해 주실 것입니다. 그러면 우리는 결단 있는 행동을 할 수 있게 됩니다.

≋ 적용

오늘 예배하면서, 하나님이 깨닫게 하시는 우리의 잘못과 죄가 있다면, 돌이키도록 결단합시다. 행동의 변화를 다짐해 봅시다. 거룩한 삶을 위한 발걸음에 하나님께서 힘과 능력을 더하시며, 성결을 위한 노력을 기뻐하실 것입니다.

기도

하나님 아버지, 여러 문제에서 온전한 회복을 경험하는 일은 하나님 앞에서 진실한 회개와 순종에 달려 있다는 것을 믿습니다. 우리에게 부족한 부분이 있다면 깨닫게 하시고, 깨닫게 하시는 것에 대해서는 하나님 앞에 회개하며, 하나님께서 인도하실 것에 대한 확신으로 살아갈 수 있게 도와주옵소서.

느헤미야 1 | 하나님은 지금도 우리를 다스리세요

주제 말씀 이르되 하늘의 하나님 여호와 크고 두려우신 하나님이여 주를 사랑하고 주의 계명을 지키는 자에게 언약을 지키시며 긍휼을 베푸시는 주여 간구하나이다 느헤미야 1:5
관련 말씀 느헤미야 1-13 장

이스라엘이 포로 생활에서 구원 받고 고향으로 돌아옵니다. 그 과정 가운데 세 번째 귀환이 이뤄졌는데요. 그 무리의 지도자가 바로 느헤미야였습니다. 느헤미야는 예루살렘 성벽을 건설하는 임무를 맡게 됩니다. 예루살렘 성벽은 그들에게 중요한 장소였고, 예루살렘 성벽 건설은 하나님의 실제적인 통치의 시작이었어요.

구약 성경에서 하나님께서 구원을 위한 하나님 나라를 시작하실 때 준비한 네 가지를 다시 떠올려 보세요. 왕이신 하나님, 통치를 받는 백성, 통치를 받는 땅, 백성이 지켜야 할 법이 있지요. 바벨론에게 멸망당했던 이스라엘을 하나님께서 한 나라로서 다시 통치하기 시작하실 때도, 이 네 가지를 회복시켜 주셨습니다. 그래서 가장 먼저, 통치하실 백성을 불러내면서 1차 포로 귀환에서 성전을 짓고, 2차 포로 귀환에서 말씀을 다시 세우고, 3차 포로 귀환에서 성벽을 짓게 하십니다. 에스라서와 느헤미야서는 하나님이 다시 하나님의 나라를 시작하시는 것을 말씀하고 있어요.

느헤미야는 실제 백성이 살아갈 터전인 성벽 재건을 위해서 선택받았고 하나님이 주신 지혜로 지도력을 발휘합니다. 과정 중에 이방 민족의 방해와 모함이 있었지만, 하나님이 주신 능력과 지혜

로 이겨 내고 성벽 재건을 잘 마무리하죠.

성벽 재건 후에는 모든 백성이 살 수 없었기 때문에 제비뽑기를 통해서 십분의 일 정도의 사람들만 살게 됩니다. 이것은 구별된 땅에서 거룩하게 살기로 선택받고, 순종하기로 다짐한 백성을 통해서 하나님이 새롭게 통치를 시작하시고 그 땅에 회복을 허락하신다는 뜻이었습니다.

하나님은 황무한 땅에서 어떤 가능성이 보이지 않더라도, 약속하신 말씀을 반드시 지키십니다. 그것으로 선택한 백성을 보호하시고 인도해 가십니다. 우리가 어떤 불안한 환경에 놓이게 되더라도 하나님은 선택한 백성을 버리지 않으시고, 하나님의 계획 안에서 하나님의 뜻대로 자기 백성을 다스리시고 하나님의 나라를 이루어 가십니다.

적용

하나님은 말씀을 통해 믿음을 선물로 주시며 거룩한 백성으로 살도록 의지를 주십니다. 우리가 하나님께 믿음으로 기도하고 간구할 때 하나님은 연약한 인생에 힘을 더해 주시며 능력으로 함께하시지요. 살아 계신 하나님만 바라보고 의지하며 믿음으로 기도합시다.

기도

하나님 아버지, 우리를 예수 그리스도의 보혈로 양자로 삼아 주심을 감사드립니다. 어떤 역경과 고난 속에서도 하나님을 바라볼 때, 우리의 모든 것을 통치하시고 선하게 인도해 가실 줄로 믿습니다.

에스더 1 | 일상의 모든 일이 구원의 은혜예요

주제 말씀 그 날 밤에 왕이 잠이 오지 아니하므로 명령하여 역대 일기를 가져다가 자기 앞에서 읽히더니 그 속에 기록하기를 문을 지키던 왕의 두 내시 빅다나와 데레스가 아하수에로 왕을 암살하려는 음모를 모르드개가 고발하였다 하였는지라 에스더 6:1-2
관련 말씀 에스더 1-7장

에스더 성경은 바사(페르시아) 제국 황제 아하수에로왕 때, 왕후였던 에스더를 중심으로 이뤄진 하나님의 구원 사역에 관한 말씀이에요. 1차에서 3차에 이르는 포로 귀환 시대에 하나님이 에스더 왕후를 통해 이스라엘 민족 전체가 몰살당할 위기에서 건져 내시는 이야기이죠. 뿐만 아니라, 바벨론에서 돌아오는 2차 포로 귀환에 중요한 계기를 마련합니다.

에스더 성경에는 몇 가지 특징이 있습니다. 하나님이라는 이름이 한 번도 나오지 않는다는 것과 기적적인 사건이나 역사가 나오지 않는다는 점입니다. 우연한 사건들을 통해서 하나님은 큰 위기에 빠졌던 이스라엘 민족을 구원하시며 이방 땅에서 최고의 지위를 누릴 수 있도록 인도하십니다.

당시 바사(페르시아) 제국에 왕 다음의 권력을 가진 2인자, 하만이 있었습니다. 하만은 자신에게 절을 하도록 백성에게 명을 내렸습니다. 그러나 에스더의 삼촌 모르드개는 그 명령에 따르지 않죠. 이에 화가 난 하만은 날을 정해 전국 각도에 살고 있는 이스라엘 민족을 모두 죽이고 재산을 빼앗으라는 명령을 내립니다.

이때 왕후 에스더가 순교를 각오하는 마음으로 왕에게 나아갑니다. 당시는 왕의 부름이 없이 왕 앞에 나가는 것이 허락되지 않

앉아요. 그런데 왕은 에스더를 발견하고 사랑스럽다고 느낍니다. 그리고 에스더가 잔치에 초대하자 기쁘게 승낙을 합니다. 이날 밤에 왕은 잠이 오지 않아 왕들의 역대 일기를 읽습니다. 그리고 거기에 적혀 있던 모르드개의 공로를 발견하게 되죠. 그리고는 마침 나와 있던 하만에게 모르드개에게 상을 내리라는 명을 내립니다.

때가 되어 왕은 에스더가 초대한 잔치 자리에 가게 되고, 이스라엘은 몰살당할 위기에서 벗어나는 것은 물론 바사(페르시아)에서 최고의 지위를 누리게 됩니다. 이날을 기념해서 부림절이 생기고, 얼마 후 이스라엘은 2차 포로 귀환을 할 수 있게 됩니다.

에스더서는 역사서의 마지막 성경이에요. 기적이 나오지 않지만, 일상적인 사건들을 통해서 하나님이 이스라엘 민족을 위기에서 살려 내실 뿐만 아니라, 포로민으로서 최고의 지위를 누리게 하시는 것을 볼 수 있습니다. 하나님은 일상적인 일들을 통해서도 역사하고 인도해 가십니다.

～ 적용

일상에서 일어나는 모든 일과 내일 있을 모든 계획도 하나님께 맡기고 인도하심을 구합시다. 하나님은 일상에서 일어나는 모든 일을 사용하셔서 우리를 하나님의 선한 계획 가운데로 인도해 가십니다.

기도

하나님 아버지, 우리 삶에 기적이 일어나지 않더라도 항상 하나님께 감사하겠습니다. 일상에서 일어나는 사건을 모두 사용하셔서, 놀라운 계획을 이루심을 믿습니다. 매일 순간순간을 하나님께 맡기고 기도할 수 있도록 인도해 주옵소서.

| 에스더 2 | 하나님이 역사를 정하고 다스리세요

주제 말씀 정한 기간에 이 부림일을 지키게 하였으니 이는 유다인 모르드개와 왕후 에스더가 명령한 바와 유다인이 금식하며 부르짖은 것으로 말미암아 자기와 자기 자손을 위하여 정한 바가 있음이더라 에스더 9:1
관련 말씀 에스더 8-10장

    에스더서에서 고향을 떠나 바사(페르시아) 제국에서 이방인으로 살던 이스라엘 민족을 몰살당할 위기에 빠뜨린 사람은 아각 사람 하만이었습니다. 아각 사람은 아말렉 족속에 속한 사람인데, 출애굽할 때 이스라엘을 처음으로 공격한 민족이었습니다. 그래서 하나님은 출애굽기 17장에서 아말렉과 대대로 싸울 것이라고 말씀하셨습니다. 이것은 하나님이 하신 심판의 약속이었습니다. 하나님은 이스라엘 민족에게 '아말렉을 도말해서 천하에 기억함이 없게 해야 한다'고 말씀하셨습니다. 그러나 사울왕은 사무엘상 15장에서 아말렉 족속 사람인 아각을 살려 둡니다. 하나님의 명령대로 그를 심판하는 것이 옳은 행동이었지만, 사울은 이 말씀에 순종하지 않고 그를 살려 두었습니다. 이 문제는 사울왕이 하나님께 버림을 받는 결정적인 사건이었습니다.

    아말렉 족속은 끊임없이 하나님을 인정하지 않고 이스라엘 민족을 공격했습니다. 급기야 이방 땅에서 힘겹게 신앙을 지키며 살고 있을 때 아말렉 족속이었던 하만이 하나님을 믿는 백성을 도말하기 위해서 무서운 계획까지 세웠습니다.

    그러나 하나님은 이것을 그냥 넘기지 않으셨습니다. 비록 전혀

힘을 쓸 수 없는 연약한 포로민으로 살아가고 있을지라도, 과거에 하셨던 약속의 말씀대로 아말렉 사람 하만을 심판하셨을 뿐만 아니라, 이스라엘 민족을 도말하려던 자들을 이스라엘 민족을 통해서 심판하셨습니다. 이스라엘 백성은 바사(페르시아) 제국 안에서 힘이 없이 살아가는 것처럼 보였습니다. 그러나 하나님은 얼마든지 전능하신 능력으로 약속대로 심판하시며 이스라엘 민족을 높여 주실 수 있음을 보여 주셨습니다.

하나님은 일상에서 일어나는 사소한 문제뿐만 아니라, 역사 가운데 일어나는 모든 일을 주관하시는 전능하신 분이십니다. 비록 사탄이 공중권세 잡은 이 세상에서 힘없이 살아가는 것처럼 느껴지더라도 하나님을 기억하기 바랍니다. 하나님은 그 백성을 보호하고 지키실 뿐만 아니라, 약속하신 말씀에 따라서 행하시며 필요한 때에 높이기도 하십니다.

적용
세상 나라 역사는 하나님께서 주관하십니다. 세상의 권세와 세상의 힘을 두려워 맙시다. 하나님이 이 모든 민족들과 역사를 주관하시며, 특별히 우리 하나님을 믿는 백성을 주권적인 능력 가운데서 돌보십니다.

기도
하나님 아버지, 전능하신 능력으로 세상 모든 나라를 지금도 통치하심을 믿습니다. 세상 나라와 민족이 아무리 힘이 세고 무서워 보인다고 하더라도, 하나님이 비교할 수 없는 놀라운 권세로 통치하고 계심을 믿습니다. 그 능력으로 우리 인생을 돌보고 계심을 믿는 가운데 평안할 수 있도록 도와주옵소서.

욥기1 | 사람이 당하는 고통은 누가 주나요?

주제 말씀 이르되 내가 모태에서 알몸으로 나왔사온즉 또한 알몸이 그리로 돌아가올지라 주신 이도 여호와시요 거두신 이도 여호와시오니 여호와의 이름이 찬송을 받으실지니이다 하고 이 모든 일에 욥이 범죄하지 아니하고 하나님을 향하여 원망하지 아니하니라 욥기 1:21-22
관련 말씀 욥기 1-3장

    욥기의 말씀은 인생을 살면서 당하는 고난에 대해서 답을 하는 성경입니다. 이곳에서 하나님께서는 하나님의 자녀가 당하는 고통의 원인과 이유에 대해서 설명하는 것에 중점을 두고 있지 않습니다. 그보다 고통의 인생 가운데 하나님이 어떻게 간섭하시고 다루어가시며, 섭리하시는지에 대해서 집중하고 있습니다.

    하나님은 이 땅에 사탄을 잠시 잠깐 허용하십니다. 사탄은 공중 권세를 잡고 미혹케 하지요. 그러나 하나님께서는 허용은 하시지만, 방치하지는 않으십니다. 하나님의 계획을 이루시기 위해 잠시 허락하는 것뿐입니다. 이것을 '허용적 작정'이라고 합니다.

    하나님은 악을 창조하거나 조장하지 않으십니다. 악과 고통은 인간의 타락으로 시작되었지만, 하나님은 그 또한 인간의 구원을 위해서 사용하십니다. 고난도 하나님의 다스림 아래에 있는 것입니다. 하나님은 모든 고난을 구원을 이루는 데 사용하시며, 결국 모든 고난을 하나님의 영광을 드러내는 데 사용하십니다.

    우리는 살아가면서 예상하지 못한 사건과 사고로 고통을 당할 때가 있습니다. 고통을 겪어야하는 인생의 과정 속에서 우리의 마음 속에는 의문이 생깁니다. 그 고통이 클수록 우리 마음 속에 생긴 의문 또한 커집니다. '하나님은 나에게 왜 이런 고통을 주시는가? 내가 무엇을 잘못했는가?'하는 의문입니다.

창세기에서 보았듯이 고통이 인간의 타락과 죄에서 비롯된 것은 맞습니다. 그러나 하나님이 죄에 대해서 일대일로 대응해서 고통을 허락하시는 것은 아닙니다. 이미 타락한 세상은 전쟁과 죽음으로 많은 고통 중에 있습니다. 그렇기 때문에 삶에서 여러 고통스러운 사건과 사고를 경험하게 되는 것입니다.

하나님은 우리가 당하는 모든 고통이 얼마나 힘들고 아픈지 잘 아십니다. 고통의 현장에 우리와 함께하시며, 아픔의 소리를 듣고 계십니다. 하나님은 우리의 아픔과 상처를 고치시길 원합니다.

적용

고통 가운데 있다면, 지금 나와 함께 계신 하나님께 마음의 고통을 고백하기 바랍니다. 하나님이 우리 마음을 위로하시고 회복의 때를 소망할 수 있는 마음을 허락해 주실 것입니다. 위로의 하나님을 바라보며 함께 기도합시다.

기도

하나님 아버지, 우리가 때로는 예상하지 못한 갑작스러운 고통을 당하더라도 하나님께서 지금 우리와 함께하심을 믿습니다. 고통당할 때 우리 마음에 참 평안을 주시고 위로를 허락해 주옵소서. 완전한 회복의 때를 바라보며 소망을 가질 수 있는 힘을 더해 주옵소서.

욥기 2 | 고난은 하나님의 확성기입니다

주제 말씀 사람은 고생을 위하여 났으니 불꽃이 위로 날아가는 것 같으니라 욥기 5:7
관련 말씀 욥기 4-37장

  욥은 말로 표현하기 어려운 고통을 당했습니다. 자녀뿐만 아니라, 건강도 잃고, 아내는 저주의 말까지 합니다. 이 참담한 소식을 들은 친구들이 찾아옵니다. 그의 친구들은 욥이 당하는 고난은 그가 지은 죄에 비하면 아무것도 아니라고 이야기합니다. 그들의 주장을 한마디로 말하면, '인과응보'라는 말이 되겠지요. 그러나 욥기의 마지막에 가면 그들은 그들이 말한 것에 대하여 하나님께 책망을 받습니다. 친구들의 주장은 고난을 형벌로만 생각하게 하고, 고난받는 사람을 전혀 위로할 수 없습니다.

  이렇듯 고난을 어떤 일에 대한 결과로만 생각할 때, 원인을 찾게 됩니다. 고난을 오직 원인과 결과로만 본다면 하나님께서 간섭하실 여지가 없습니다. 하나님은 이 고난을 결과가 아니라 과정으로 보셨습니다. 무엇을 위한 과정일까요?

  우리 자신과 하나님을 아는 과정입니다. 우리가 얼마나 연약한 존재인지를 깨닫고 성화되는 과정이며, 하나님이 이 고난을 어떻게 사용하시고 다루어 가시는지 하나님의 지혜를 알아 가는 과정입니다. 고난은 결코 살아온 인생에 대한 결산도 아니요, 평가도 아닙니다. 욥의 친구가 '사람은 고생을 위하여 났다'라고 말하듯이, 인생 자체가 고난인 것처럼 보일 수 있습니다. 인생이 고난 가

운데 있을 때, 그 인생을 통해서 하나님은 우리가 더 낮은 마음으로 겸손히 하나님만 의지하며 살기를 원하십니다. 고난을 다루어 가시는 하나님의 신비로운 섭리를 배워 가길 원하십니다.

'고난은 하나님의 확성기'라는 말이 있습니다. 우리가 하나님의 말씀에 귀를 기울이고 더욱 가까이 다가서는 순간은 평탄할 때가 아니라, 고난 가운데 있을 때입니다. 지금까지 쌓아 온 것이 무너지고 어려운 환경에 떨어져 고통을 당할 때 비로소 우리가 얼마나 연약한 존재인지 알게 되고 하나님의 말씀을 들을 수 있는 귀가 열립니다. 그래서 하나님은 인생의 고난을 통해 '인간은 한낱 피조물에 불과하며 인간의 지혜로 할 수 있는 것은 거의 없다'는 사실을 말씀하십니다. 이때 우리는 하나님을 온전히 바라볼 수 있게 됩니다. 또한 하나님은 당신이 이 문제를 어떻게 다루어 가시는지 우리로 하여금 보게 하십니다. 어떻게 섭리하고 우리를 다스려 가시는지 깨닫게 하십니다.

적용

우리가 고난 가운데 있다면 우리의 연약함을 고백합시다. 그리고 하나님께서 어떻게 우리 문제를 다루어 가시는지 볼 수 있는 믿음을 달라고 기도합시다.

기도

하나님 아버지, 우리가 고난 중에 있을 때 홀로 두지 않고 함께하심을 감사드립니다. 하나님 안에서 헛된 고난은 없는 줄로 믿습니다. 고난을 다루어 가시는 하나님의 손길을 경험하게 도와주시고, 고통이 변하여 기쁨이 되는 은혜까지도 허락하여 주옵소서.

욥기 3 | 고난으로 자녀를 온전하게 하세요

주제 말씀 내가 주께 대하여 귀로 듣기만 하였사오나 이제는 눈으로 주를 뵈옵나이다 그러므로 내가 스스로 거두어들이고 티끌과 재 가운데에서 회개하나이다 욥기 42:5-6
관련 말씀 욥기 38-42장

    욥은 친구들과 논쟁하면서 한 가지 잘못을 합니다. 자신은 살아오면서 죄지은 일이 별로 없다고 말한 것이죠. 의로운 사람이 고난을 받는 것은 너무나 억울하다고 하소연까지 합니다.

    그러나 하나님은 욥이 가진 문제를 말씀하세요. 하나님 앞에서 스스로 의롭다고 할 사람은 없기 때문이죠. 하나님은 욥에게 질문하기 시작하십니다. 하나님이 만물을 지으실 때 얼마나 놀라운 지혜로 지으셨는지에 관해서 말씀하시며 창조에 관한 지식과 지혜에 관해서 욥에게 많은 질문을 하십니다. 욥은 한마디도 대답하지 못합니다.

    이렇게 질문하신 이유는 욥을 비롯해 모든 인간이 단지 피조물에 불과하다는 사실과 하나님의 지혜와 지식이 얼마나 크고 놀라운지 알려주기 위해서입니다. 욥은 너무나 크고 놀라운 지식 앞에 경외감을 느끼며 하나님이 단 한순간도 돌보지 않으시면 살아갈 수 없다는 사실을 알게 됩니다. 만물을 운행하시고 인생을 다루어 가시는 하나님의 지혜 앞에서 고난에 대한 욥의 항변은 무지한 말들이었을 뿐입니다. 결국 욥은 교만했던 자신의 모습을 하나님 앞에 회개합니다.

54

 우리는 갑작스러운 고난을 당할 때 욥처럼 질문할 수도 있습니다. '이런 고난을 당할 만큼 잘못한 것은 없다'고 억울함을 말하는 것이죠. 나름 신앙생활을 열심히 했다면 더 원망스러운 마음이 들 수도 있습니다. 안타깝게도 욥과 같은 이러한 생각은 하나님 앞에서 나의 의로움을 주장하는 교만입니다.

 고난을 만날 때 우리는 더욱 겸손해야 합니다. 우리의 생각과 지식은 너무나 짧아서 인생의 문제에 관해서 알 수 있는 것이 거의 없다는 것을 깨달아야 합니다. 우리는 한 치 앞을 바라볼 수 없을 뿐만 아니라, 우리 생명 또한 우리 힘으로 관리할 수 없습니다. 하나님께서 고난을 다루어 가시고, 때로는 우리에게 고통에서 이길 수 있는 지혜와 능력을 허락해 주시기에 그것을 신뢰함으로 기도하고 인도하심을 구해야 합니다.

적용

고난을 우리 힘으로 결코 다룰 수 없다는 사실을 알아야 합니다. 그러나 하나님은 이 고난으로 더 큰 악을 억제하시며 고난을 다스리십니다. 고난과 고통이 찾아올 때 함께 기도합시다. 하나님은 고난을 사용하셔서 온전한 하나님의 자녀로 우리를 빚어 가실 것입니다.

기도

하나님 아버지, 힘들고 곤고한 날이 찾아올 때, 하나님께 더욱 가까이 나갈 수 있게 도와주옵소서. 온전한 믿음을 허락하시고, 악에 빠지지 않게 하시며, 우리의 연약함을 깊이 깨닫고 더욱 하나님의 섭리와 지혜를 의지하고 알아가게 인도해 주옵소서.

시편 1 | 탄원시, 참된 제사는 상한 심령입니다

주제 말씀 두렵건대 나의 원수가 이르기를 내가 그를 이겼다 할까 하오며 내가 흔들릴 때에 나의 대적들이 기뻐할까 하나이다 나는 오직 주의 사랑을 의지하였사오니 나의 마음은 주의 구원을 기뻐하리이다 시편 13:4-5
관련 말씀 시편 1권 시편 1-41편

시편은 하나님 앞에서 개인적으로 가지는 다양한 감정과 생각을 고백하고 있습니다. 그 내용을 중심으로 대략 탄원시, 회개시, 신뢰시, 지혜시, 감사시로 구분할 수 있습니다. 지금부터 이야기할 시편에 대한 글은 내용의 주제별로 묶어 구성했습니다.

처음 이야기할 것은 '탄원시'입니다. 시편에서는 하나님과의 관계에서 좋은 감정뿐만 아니라, 나쁜 감정과 생각까지 표현하고 있어요. 심지어 화가 나고 답답한 감정까지 모두 표현하고 있습니다. 시편 기자 중 한 명인 다윗은 때로는 원통하고 억울한 마음도 드러냈습니다.

이런 부정적인 표현을 보면서 이런 질문을 할 수 있습니다. '어떻게 하나님께 이런 나쁜 감정까지 표현할 수 있을까?' 하나님께 항상 바르고 고운 표현만 써야 할 것같이 생각하기 때문이죠. 그러나 마음 중심을 보시는 하나님은 우리의 상한 마음과 상처 난 심령을 받기 원하십니다. 왜 그러실까요?

하나님은 우리 아버지이시기 때문입니다. 선한 아버지 되시는 하나님은 자녀가 당하는 고통과 어려운 문제에 대해서 모른 척하지 않으시고 함께하며 듣기를 원하십니다. 위로해 주기 원하십니

다. 그래서 우리에게 피난처와 안식처가 되어 주십니다. 하나님께 얼마든지 우리 안에 있는 어려운 마음에 대해서 감추지 않고 보여 드려도 하나님은 기쁘게 받아 주십니다. 다윗은 하나님을 대적하는 자들에게 당한 억울한 마음을 하나님께 탄원하듯이 모두 내어 놓았습니다. 답답한 속마음을 내어놓을 때 들어 주시고, 고난당하는 자에게 은혜를 베풀어 주십니다. 하나님은 우리 아버지, 내 아버지이시기 때문입니다.

하나님은 유창한 기도보다 서툴더라도 진실한 기도와 고백을 기뻐하십니다. 하나님은 내 아버지이십니다. 우리에게 작은 고통이 있더라도 하나님 아버지 앞에 가지고 나오기를 원하십니다. 아버지께 도움을 구할 때, 자녀를 사랑하는 마음으로 내 고통을 돕기 원하시며 하나님의 때에 위로와 힘을 더해 주십니다.

〰 적용

오늘 이 시간 나에게 있는 고통을 하나님께 고백합시다. 서로 들리지 않을 정도로 작게 말해도 좋습니다. 작은 목소리라도 하나님은 크게 들으시고, 반드시 위로해 주십니다. 하나님은 참 좋으신 내 아버지이십니다.

기도

하나님 아버지, 내 아버지 되어 주셔서 감사합니다. 우리가 상한 마음으로 나올 때 불쌍히 여겨 주시고 품어 주심을 감사드립니다. 어렵고 힘든 일이 있을 때마다 더욱 가까이 나올 수 있도록 인도해 주옵소서. 상한 마음을 내어놓을 때, 위로해 주시고 힘 주시고 능력을 더해 주옵소서.

시편 2 | 회개시, 다시 거룩함으로 하나님 앞에 섭니다

주제 말씀 내가 죄악 중에서 출생하였음이여 어머니가 죄 중에서 나를 잉태하였나이다 시편 51:5
관련 말씀 시편 2권 42-72편

하나님 앞에서 개인적으로 가지는 다양한 감정과 생각을 고백하고 있는 시편의 주제를 중심으로 나눈 것 중에서 두 번째는 '회개시'입니다. 대표적인 시편은 51편입니다. 다윗이 밧세바를 범한 죄에 대해서 회개한 시편 말씀입니다.

다윗은 사무엘하 11장에서 큰 죄를 짓습니다. 모든 군사와 장군이 전쟁터에 나갔을 때, 그는 저녁에 일어나 왕궁 옥상을 거닐다가 목욕하는 밧세바를 보고서 성적인 범죄를 짓게 됩니다. 밧세바는 할아버지와 아버지가 다윗의 직속 부하였기에 저항하기 어려운 위치였습니다. 다윗은 범죄를 덮기 위해서 밧세바의 남편 우리아에 대한 살해 계획을 세워 실행에 옮깁니다. 그러고는 자신이 죽인 자의 아내 밧세바를 아내로 맞습니다.

하나님은 나단 선지자를 보내어 다윗이 저지른 심각한 범죄를 드러내셨습니다. 다윗은 그동안 자신이 얼마나 큰 죄악 가운데 살았는지 깨닫게 됩니다. 이미 죄악 중에 출생하였고, 어머니가 죄 중에 나를 잉태했다고 고백합니다. 처절한 직면을 통해 인간의 죄성이 얼마나 깊고 오래 되었는지 알게 됩니다.

죄에 대한 오랜 통찰을 통해 다윗은 하나님께 자신을 쫓아내지 마시고 성령님을 자신에게서 거두지 마시길 간구합니다. 다윗의

철저한 회개는 하나님 앞에 상달되어 용서를 받게 되고 다시 한번 하나님 앞에 설 수 있게 됩니다.

하나님은 빛이며 거룩이십니다. 거짓과 죄가 전혀 없으십니다. 그렇기에 우리가 하나님께 예배하고 은혜를 구하기 위해서는 죄를 고백하며 거룩에 이르러야 합니다. 비록 하나님 앞에 나올 때마다 반복되는 죄에 대한 부끄러움과 그로 인한 좌절이 있다고 하더라도 하나님 앞에서 우리 죄를 직면하고 고백해야 합니다.

하나님은 우리에게 선한 것보다 악한 것이 많고, 선에 대한 갈망보다 욕망에 대한 추구가 많다는 사실을 잘 아십니다. 우리가 스스로의 죄성을 직면하여 깨닫게 될 때, 비로소 우리는 하나님이 베푸시는 은혜가 얼마나 크고 놀라운지 알게 됩니다. 회개가 아니고서는 하나님 앞에 설 수 없습니다.

≋ 적용

우리 안에 있는 거룩하지 못한 모든 것을 하나님께 아룁시다. 예수님의 보혈을 의지하여 용서해 주실 것을 구합시다. 하나님은 그런 우리에게 거룩하고 정결한 마음을 허락해 주십니다.

기도

하나님 아버지, 어둠 가운데 있던 우리에게 빛을 비추어 주셔서 감사합니다. 어둠 가운데 있다는 사실을 깨닫게 하시고, 하나님 앞에 거룩한 마음을 소망할 수 있게 도와주셔서 감사합니다. 우리 죄를 고할 때, 용서해 주시고 정결한 마음으로 하나님께 찬양하고 우리 필요를 구할 때 응답해 주옵소서.

시편 3 | 신뢰시, 하나님만 신뢰합니다

주제 말씀 여호와는 나의 목자시니 내게 부족함이 없으리로다 시편 23:1
관련 말씀 시편 3권 73-89편

하나님 앞에서 개인적으로 가지는 다양한 감정과 생각을 고백하고 있는 시편의 주제를 중심으로 나눈 것 중에서 세 번째 '신뢰시'입니다. 대표적인 말씀이 23편인데, '시편의 진주'라고도 하지요. 다윗은 하나님을 나의 목자라고 고백하고 있습니다.

목자는 양을 먹이고 기르는 사람입니다. 양은 착하고 순한 동물이지만 약한 부분이 많습니다. 먼저, 눈이 어둡습니다. 목자를 눈으로 확인하지 못하고 음성을 듣고 움직입니다. 그런데 한번 풀을 뜯기 시작하면 소리를 잘 듣지 못합니다. 그렇기 때문에 혼자 풀을 뜯다가 무리에서 이탈해 길을 잃어버리기도 하고, 때로는 낭떠러지인 줄도 모르고 풀을 먹다가 미끄러져 위험에 처하기도 해요. 때로는 맹수가 가까이 오는 것도 알아채지 못하고 쉽게 먹이가 되기도 합니다.

목자는 이런 양을 자주 모아 주어야 하고, 낭떠러지에 걸린 양을 목자의 지팡이로 건져 내기도 하며, 맹수가 달려들 때 목숨을 걸고 지키기도 합니다. 좋은 목자는 양들을 지킬 뿐만 아니라, 한 마리씩 이름을 붙이고 매일 불러 준다고 합니다. 한 마리씩 불러서 매일 건강을 확인하고 돌보아 줍니다.

다윗이 경험한 하나님은 양을 지키는 목자셨습니다. 자신의 잘

못으로 위기에 빠질 때나, 자신의 어리석음으로 실패를 맛볼 때, 깊은 절망 속에서 신음할 때나, 죄책감으로 괴로워할 때도 하나님은 옆에 계시며 자신을 돌보아 주셨습니다. 다윗은 자신의 삶을 통해서 만나고 경험한 하나님을 가장 아름다운 글로 찬송하며 고백했습니다.

우리는 인생길을 걸어갈 때 한 치 앞도 보지 못합니다. 욕심을 따라 잘못된 결정을 내려 스스로 고난에 빠지기도 하고, 의로운 길을 알면서도 죄성으로 인해 잘못을 저지르기도 해요. 때로는 삶에 대한 의지가 사라져 로뎀나무 아래의 엘리야와 같이 삶을 포기하고 싶은 생각까지 들기도 합니다. 마치 우리는 양과 같습니다. 하나님은 양 같은 우리 모습을 불쌍히 여겨 주십니다. 얼마나 인생길이 고달프고 힘든지도 잘 아십니다. 그러니 망가진 채로, 상처 난 채로, 때묻은 채로 그대로 고백합시다.

〰️ 적용

하나님은 망가지고 상처 난 우리를 고쳐 주시기를 기뻐하십니다. 우리가 온전한 자녀가 되길 원하십니다. 하나님은 참 좋으신 내 목자이기 때문입니다.

기도

하나님 아버지, 감사합니다. 때로는 어리석고 무지한 마음으로 하나님을 멀리할 때라도, 은혜를 베푸셔서 돌보아 주심을 감사드립니다. 우리가 깨닫지 못하는 중에라도 지켜 주시고, 사랑 가운데 붙들어 주셔서 감사합니다. 하나님만 전적으로 신뢰하고 맡기며 살아갈 수 있도록 도와주옵소서.

시편 4 | 지혜시, 여호와의 율법을 즐거워해요!

주제 말씀 복 있는 사람은 악인들의 꾀를 따르지 아니하며 죄인들의 길에 서지 아니하며 오만한 자들의 자리에 앉지 아니하고 오직 여호와의 율법을 즐거워하여 그의 율법을 주야로 묵상하는도다 시편 1:1-2
관련 말씀 시편 4권 90-106편

    하나님 앞에서 개인적으로 가지는 다양한 감정과 생각을 고백하고 있는 시편의 주제를 중심으로 나눈 것 중에서 네 번째 '지혜시'입니다. 성경에서 말하는 지혜는 하나님이 주신 말씀입니다. 지혜시 중에서 대표적인 말씀이 시편 1편입니다. 이 말씀을 따라서 사는 인생이 가장 지혜롭고 가치 있는 인생입니다.

    시편 1편 1절은 이렇게 시작합니다. '복 있는 사람은'으로 시작합니다. 히브리어로 보면, '아쉐레'로 시작합니다. 즉, '얼마나 복이 있는가!' 감탄하며 시작하고 있답니다. 이어서 너무나 복된 사람에 대해서 묘사를 하고 있습니다.

    정말 복 있는 사람은 누구일까요? 일반적으로 우리는 물질이 많은 사람이나 권력을 가진 사람이 큰 성공을 이룬 사람이라고 생각하곤 합니다. 그러나 지혜시, 시편의 말씀에 따르면, '복 있는 사람'은 여호와의 말씀을 즐거워하며, 그 말씀을 주야로 묵상하는 사람입니다. 복 있는 정도가 아니라, "너무나 복되고, 너무나 행복하겠구나!"라고 외치고 있습니다. 왜일까요?

    하나님은 안개와 물거품처럼 잠시 잠깐 있다 사라질 행복이 아니라, 사라지지 않는 영원한 행복에 대해서 말씀하시기 때문입니다. 지혜로운 사람은 당장 바로 앞에 놓인 이익을 추구하지 않습니다. 영원한 유익을 추구합니다. 말씀 속에 영원한 생명이 있습니다. 영원한 기쁨과 평안이 있습니다. 우리가 무엇을 붙잡고 살아야 영원토록 후회하지 않는 인생이 되는지 이 시편의 지혜시는 선포하고 있습니다.

정말 복 있는 사람은 하나님의 말씀을 기억하려고 애씁니다. 그에게 주시는 은혜는 시냇가에 심은 나무가 철을 따라 열매를 맺으며 그 잎사귀가 마르지 아니함 같습니다. 그가 하는 모든 일이 형통할 것이라고 약속하고 있습니다.

적용

우리가 해야 할 일이 많지만, 그중에서 가장 중요한 일은 하나님의 말씀을 배우고 말씀을 믿고 확신하는 일입니다. 이것이 가장 복된 일이며 지혜로운 일입니다. 오늘 함께 예배하며 말씀을 읽고 믿음 위에 서기 위해 모인 시간이 가장 복된 시간입니다. 오늘 예배하며, 우리가 앞으로 더욱 더 하나님의 말씀을 잘 기억하고, 읽고 배우고, 그 말씀이 주는 약속을 확신하는 믿음을 가지도록 기도합시다. 이것이 가장 복된 인생입니다.

기도

하나님 아버지, 우리를 복된 예배의 자리로 불러 주셔서 감사드립니다. 말씀을 듣고 배우며 하나님을 의지하는 이 시간이 가장 복된 시간인 줄로 믿습니다. 우리 가족 모두 말씀 위에 굳게 설 수 있도록 믿음을 더해 주옵소서.

시편 5 | 감사시, 하나님을 기뻐하고 감사해요!

주제 말씀 주의 성도들아 여호와를 찬송하며 그의 거룩함을 기억하며 감사하라 그의 노염은 잠깐이요 그의 은총은 평생이로다 저녁에는 울음이 깃들일지라도 아침에는 기쁨이 오리로다 시편 30:4-5
관련 말씀 시편 5권 107-150편

하나님 앞에서 개인적으로 가지는 다양한 감정과 생각을 고백하고 있는 시편의 주제를 중심으로 나눈 것 중에서 다섯 번째 '감사시'입니다. 감사시에 대한 대표적인 말씀이 30편 말씀이지요.

우리는 평소에 하나님께 언제 감사할까요? 기도에 응답을 주시거나, 필요한 것을 채워 주시면 감사합니다. 그런데 하나님이 더욱 기뻐하시는 감사는 하나님 자체에 대한 감사입니다.

어린아이는 선물을 받을 때 선물을 주신 분을 감사하게 생각하기보다 선물을 더 기뻐합니다. 어른이 되면 선물 내용보다, 선물을 주신 분에 대해 감사를 하게 됩니다. 더 나아가 선물을 주지 않아도, 나를 길러 주시고 사랑해 주시는 부모님의 은혜가 얼마나 크고 놀라운지 알게 됩니다. 때로는 부모님이 살아 계신 것 자체만으로도 감사하게 됩니다.

우리 신앙도 점점 성장하면서 하나님이 나에게 찾아와 주셔서 함께하신다는 사실 자체로 감사하게 되는 마음을 갖게 됩니다. 하나님께서 기뻐하시는 감사는 기쁠 때나 힘들 때나 하나님께서 지금 나와 함께 계신다는 것만으로도 감사하는 것입니다. 하나님 한 분, 그 이름만으로도 기쁜 것입니다. 신앙이 성숙해지고 성장하면 하나님의 선하심과 은혜로우심, 공의와 거룩함에 대해 깊이 감사하게 됩니다. 이런 마음을 하나님은 기뻐하시며, 하나님을 높이고 경외하는 자에게 특별한 사랑과 은혜를 베풀어 주십니다.

목숨을 걸고 하나님께 감사 기도를 드렸던 다니엘을 떠올려 보세요. 하늘 아버지께 늘 감사를 고백하신 예수님을 떠올려 보세요. 하나님 한 분만으로 감사와 찬양을 올려 드리는 것은 하나님의 능력과 지혜와 섭리를 인정하고 믿는 것입니다. 어떤 환경 가운데서도 붙들어 주시고, 사랑과 긍휼로 인도해 주실 것을 믿는 것입니다. 감사는 하나님의 하나님 되심을 고백하는 것입니다.

적용

하나님께 올려 드릴 첫 번째 고백은 하나님의 존재 자체에 대한 감사입니다. 함께 소리내어 하나님의 존재 자체에 대한 찬양을 올려 드립시다.
"하나님은 사랑이십니다."
"하나님은 빛이십니다."
"하나님은 거룩이십니다."
지금도, 앞으로도, 영원토록, 우리를 지키시며 돌보심을 감사합시다. 하나님에 대한 감사가 곧 능력입니다. 감사하는 자에게 하나님은 살아 계심을 더욱 분명하게 보여 주십니다. 오늘 예배하며, 하나님 한 분만으로 인한 나의 감사의 고백을 올려 드립시다.

기도

하나님 아버지. 오직 한 분 하나님만이 창조주이시고 우리를 주관하시는 전능자이십니다. 하나님 한 분만으로 항상 감사할 수 있도록 도와주옵소서.

잠언 1 | 하나님을 경외하는 것이 지식의 근본입니다

주제 말씀 여호와를 경외하는 것이 지식의 근본이거늘 미련한 자는 지혜와 훈계를 멸시하느니라 잠언 1:7
관련 말씀 잠언 1~9장

잠언이라는 말은 '훈계로 가르치는 말'이라는 뜻으로 지혜로운 어르신께서 청년과 아이들에게 주시는 교훈과 가르침을 말합니다. 잠언은 솔로몬왕이 하나님께 받은 말씀으로, 하나님의 자녀들에게 이 땅에서 말씀 가운데 지혜롭게 사는 법에 관하여 전하고 있습니다.

여기에 관한 내용은 이미 성경에 십계명으로 잘 요약되어 있습니다. 잠언은 십계명 말씀에 대한 구체적인 적용이라고도 볼 수 있습니다. 그래서 잠언을 크게 두 부분으로 나눈다면, 하나님 사랑과 이웃 사랑으로 나누어 볼 수 있어요. 하나님 사랑에 관한 핵심은 경외라는 단어에 들어 있습니다. 잠언은 하나님을 경외하는 인생이 가장 지혜로운 삶이라고 말씀하고 있습니다.

경외란 무엇일까요? '경외'라는 말에는 두려워하고 공경한다는 의미가 있습니다. 단지 두려워서가 아니라, 하나님께서 너무나 존귀하고 너무나 선하시고 너무나 사랑이 많고 지혜가 풍성한 분이셔서 그 영광에 압도되는 것을 경외라고 합니다.

제일 사랑하고 존경하는 선생님 앞에 서면, 너무나 좋아서 말과 행동을 함부로 하지 않고 조심스럽게 하는 것과 같은 거예요. 그러한 분과 함께 있으면 든든하고, 그분이 무엇이든지 말씀해 주실

것 같고, 또 어떤 말씀을 주시든지 그대로 살고 싶은 마음이 드는 것과 마찬가지입니다.

하나님을 경외하는 것은 그분의 영광 아래서 두려움 가운데 경배하며 어떤 말씀이든지 순종하고 따르는 것입니다. 그분의 말씀은 모두 진리여서 어떤 말씀도 놓치기 싫고 그대로 살고 싶은 마음이 경외입니다. 하나님을 경외하는 것이 모든 지혜와 지식의 근본입니다.

하나님을 경외하기 위해서는 하나님을 아는 지식에 자라 가야 합니다. 하나님이 어떤 분이신지 진실로 알고 경외할 때, 우리는 그 사랑에 답하고 싶어집니다. 하나님이 너무 좋아서, 그분의 말씀이라면 어떤 것도 놓치고 싶지 않고, 기뻐하시는 뜻을 따라 살고 싶어지는 것입니다.

적용

오늘 예배하면서, 하나님을 더욱 경외하면 좋겠습니다. 함께 기도합시다. 세상에서 하나님을 가장 경외할 수 있기를, 하나님을 아는 지식에 풍성하기를 위해서 기도합시다. 하나님을 경외하는 것이 모든 지혜와 지식의 근본이 되는 은혜를 누립시다.

기도

하나님 아버지, 얼마나 사랑이 많으시고 놀라운 지혜를 가지고 계신 분이신지 더 많이 알기를 원합니다. 우리 가정에 하나님을 아는 지식이 흘러넘치게 하셔서 하나님의 기쁨이 되는 가정이 되게 해주옵소서.

잠언 2 | 나누면 풍성해지는 비밀을 알고 있나요?

주제 말씀 구제를 좋아하는 자는 풍족하여질 것이요 남을 윤택하게 하는 자는 자기도 윤택하여지리라 잠언 11:25
관련 말씀 잠언 10-31장

잠언 말씀은 십계명을 적용한 말씀이라는 점 이야기했지요? 크게 두 가지로 나눈다면, 하나님 사랑과 이웃 사랑이에요.

이웃 사랑에 관한 말씀에서 중요하게 생각해 볼 주제는 '나눔'입니다. 잠언 11장 25절 말씀에서 '구제를 좋아하는 자'란, 남에게 베풀기를 좋아하고, 후한 사람을 말해요. '남을 윤택하게 하는 자'는 다른 사람 밭에 물을 넉넉하게 대어 주는 사람이란 말이지요.

이것은 풍족해지고 윤택해지기 위해서 돕는 것을 말하지 않습니다. 먼저, 받는 것보다 나누는 것에 강조가 있습니다. 예수님도 받는 사람보다 주는 사람이 더 복이 있다고 말씀하셨습니다.

우리가 어떻게 나눔을 실천할 수 있을까요? 어느 정도 여유가 있어야 할까요? 그렇지 않습니다. 나눔은 남는 것을 주는 것이 아닙니다. 성경은 나눔에 관해서 '나에게 소중한 것을 주는 것'이라고 말하고 있습니다. 오늘 나에게 빵이 하나밖에 없더라도, 반을 나누어 더 어려운 사람에게 주는 것입니다.

어떻게 이것이 가능할까요? 그것은 비록 형편이 넉넉하지 않아도 자족하는 마음에서 시작될 수 있습니다. 그런 마음이라면 그 사람은 이미 부자입니다. 그러면 콩 한 쪽도 나눌 수 있는 여유가 생깁니다. 고린도교회 성도들은 자신들도 어려웠지만, 마게도냐

교인들을 위해서 힘에 넘치도록 구제했어요. 사도 바울은 항상 어려운 가운데 사역했지만, "내게 모든 것이 있다. 모든 것이 풍부하다."라고 고백했어요(빌 4:18). 그는 예수님으로 마음이 부유했기 때문에 비록 자신은 구금된 상황일지라도, 성도들을 위로하고 기도해 줄 수 있었어요.

하나님이 우리에게 은혜를 주신 이유도 마찬가지예요. 성경은 "하나님이 능히 모든 은혜를 너희에게 넘치게 하시나니 이는 너희로 모든 일에 항상 모든 것이 넉넉하여 모든 착한 일을 넘치게 하게 하려 하심이라"(고후 9:8)고 말씀하고 있습니다.

〰️ 적용

혹시 교회 안에나 이웃 중에 어렵고 힘든 분들이 있는지 생각해 봅시다. 물질이 아니더라도, 시간을 내어서 도울 수도 있고, 말로 위로와 힘을 건넬 수도 있습니다. 물건을 배달해 주는 분들에게 작은 음료라도 하나 나눈다면, 이웃 사랑을 실천하는 것이며 하나님께서 기뻐하시는 삶으로 드리는 제사입니다. 나눔에 대한 실천을 다짐하고 한번 실천해 봅시다.

🗒️ 기도

하나님 아버지, 우리에게 은혜를 주셔서 나눔에 대한 마음을 허락해 주셔서 감사합니다. 우리가 받은 놀라운 은혜를 항상 생각하면서 어려운 이웃을 돌아보고, 작은 것이라도 함께 나눌 수 있는 지혜와 용기를 허락해 주옵소서.

전도서 1 | 하나님 없이는 모두 헛될 뿐이에요

주제 말씀 전도자가 이르되 헛되고 헛되며 헛되고 헛되니 모든 것이 헛되도다 전도서 1:2
관련 말씀 전도서 1–6장

전도서는 전도자가 전하는 말씀입니다. 전도자를 히브리어로 '코헬렛'이라고 부르는데 '설교자, 강연자, 지혜를 전하는 자'라는 의미입니다. 전도서의 코헬렛은 솔로몬왕입니다. 그는 이스라엘의 역사상 나라를 가장 크고 강하게 만든 사람이었습니다. 솔로몬은 이스라엘 역사상 가장 큰 권력과 부를 누렸고 하나님이 주신 지혜로 어려운 판결도 잘 처리했습니다. 그러나 안타깝게도, 나이가 들어 가면서 점점 타락하기 시작했어요. 그 결과 나라가 둘로 나누어지는 비극을 겪게 됩니다. 자신을 위해서 수많은 재산을 축적하고 후궁을 두었고, 각종 우상을 들여올 뿐만 아니라, 국정 운영도 잘 못하게 됩니다.

전도서가 기록된 시기는 솔로몬왕이 이러한 범죄와 실패를 겪고 난 후에 인생을 돌아보는 때였습니다. 그동안 하나님이 허락하신 선물과 복에 눈이 멀었던 것과 세상의 헛된 것을 좇아 살았던 과거를 후회하고 뉘우치며 소중한 것이 무엇인가를 다시 한번 깨닫고 나서 말씀을 기록하게 됩니다. 그동안 하나님 없이 좇았던 모든 것에 대해서, 전도자는 고백합니다. "헛되고 헛되며 헛되고 헛되니 모든 것이 헛되도다."

'헛됨'이라는 말은 구약 성경에서 70회 가량 나오는데 전도서에

서만 36회 정도 사용됩니다. 헛됨이라는 말의 원래 뜻은 수증기, 연기를 말합니다. 금방 있다가 사라지는 것입니다. 이것은 하나님이 지으신 창조물이 의미 없다는 뜻이 아니라 하나님 없이 누리는 모든 것이 헛되다는 뜻입니다. 지혜와 지식조차도 하나님 없이 추구할 때 헛됩니다. 하나님 없는 즐거움도 잠시 행복을 줄 수 있지만 결코 오래가지 않습니다. 곧 허무한 마음이 찾아옵니다. 그렇게 되면 더 큰 즐거움과 기쁨을 구하게 되지요.

그러나 하나님 안에서 아무리 작은 것이라도 감사함으로 누릴 때, 참된 기쁨과 만족이 있습니다. 하나님으로 인해 모든 것을 바라볼 때 행복은 영원할 수 있습니다. 하나님이 함께하지 않으시는 큰 집보다 하나님이 함께하시는 작은 집이 복됩니다. 하나님 없는 만찬보다 하나님으로 인해 감사가 있는 빵 한 조각이 행복입니다.

적용
우리가 추구하는 인생의 목적과 목표를 함께 적어 봅시다. '왜 이것을 추구하고 바라는지'를 하나님 안에서 생각할 수 있는 지혜를 구해 봅시다. 오직 나의 행복만을 위해서 사는 인생이 아니라, 하나님 안에서 감사하고 하나님께 영광 돌리기 위한 인생이 되길 위해서 기도합시다.

기도
하나님 아버지, 우리가 사는 목적을 다시 한번 돌아보게 해주셔서 감사합니다. 우리 자신만을 위한 인생이 아니라 하나님과 이웃을 위한 인생이 될 수 있도록 도와주세요. 어떤 형편 가운데서라도 하나님으로 인한 기쁨과 만족함을 가질 수 있게 도와주옵소서.

전도서 2 | 하나님을 경외함은 복된 인생의 시작

주제 말씀 일의 결국을 다 들었으니 하나님을 경외하고 그의 명령들을 지킬지어다 이것이 모든 사람의 본분이니라 전도서 12:13
관련 말씀 전도서 7-12장

    전도서를 쓴 솔로몬왕은 2장 25절에서 이렇게 고백합니다. "아, 먹고 즐기는 일을 누가 나보다 더 해 보았으랴." 솔로몬왕은 누구보다 세상에 있는 즐거움과 쾌락을 많이 누린 사람이었습니다. 아름답고 화려한 모든 것을 누렸고, 모든 즐거움을 좇아 보았지만, 그런 그가 깨달은 것은 결국, '남는 것은 하나도 없다'는 사실입니다.

    이것은 하나님 없이 사는 사람들이 결국에는 누구나 경험하게 될 고통입니다. 때로는 어떤 의미도 없는 일을 했다는 사실이 무엇보다 더 힘들 수도 있습니다. 이것을 놓고 로마서 8장 20절은 '피조물이 허무한 데 굴복한다'라고 말합니다. 타락한 아담으로 인해 세상은 하나님과 관계가 끊어졌습니다. 하나님 없이 사는 것 자체가 저주이며 심판입니다. 영원하신 하나님과 함께하지 않는 모든 것은 물안개처럼 사라질 수밖에 없기 때문입니다.

    가장 복되고 가장 가치 있는 삶은 무엇일까요? 하나님을 경외하고 그 모든 말씀을 지키는 인생입니다. 왜일까요? 하나님은 영원하시기 때문입니다. 하나님이 이 세상을 창조하시고 지금도 운행하고 계시고 앞으로 믿는 자녀와 영원히 함께하시기 때문입니다. 하나님은 너무나 선하시고, 너무나 거룩하시고, 너무나 아름

다우시고, 사랑과 긍휼이 많으셔서, 그 은혜를 영원토록 우리에게 베푸시기 때문입니다.

비록 우리가 죄의 오염 가운데 있어서 이 땅에서는 온전하지 못하지만, 하나님을 경외하고 그 말씀을 지키는 것으로 그 복된 삶을 지금 미리 경험해 볼 수 있습니다. 경외는 단순한 두려움이 아니라, 하나님의 영광에 압도되는 것입니다. 그러기 위해서는 더욱더 하나님이 얼마나 좋은 분이신지 알기에 힘을 써야 합니다. 그리고 그 말씀에 순종하기 위해 힘을 써야 합니다.

적용

나는 무엇을 위해서 살고 있나요? 좋은 직장과 많은 수입과 좋은 집을 위해서라고 말할 수도 있습니다. 이 모든 것을 얻으면 정말 행복할까요? 전도서는 아니라고 말합니다. 하나님만이 영원하십니다. 그러므로 우리가 추구하는 모든 일을 통해서 하나님께 감사하고 하나님을 경외하며 그 말씀에 순종하는 하나님의 백성이 되기 위해서 함께 기도합시다.

기도

하나님 아버지, 우리가 목적한 일을 추구할 때, 이 모든 과정을 통해서 하나님을 알고 하나님을 경외하는 데 이를 수 있도록 도와주옵소서. 인생길을 걸어갈수록 어려운 과정들을 통해서 하나님 안에서 사는 것이 얼마나 큰 복인지 깨닫는 은혜를 주옵소서.

아가 1 | 하나님은 사랑입니다

주제 말씀 나는 내 사랑하는 자에게 속하였도다 그가 나를 사모하는구나 아가서 7:10
관련 말씀 아가 1-8장

아가는 '아름다운 노래'라는 뜻입니다. 남자와 여자가 시적 표현으로 사랑을 로맨틱하게 이야기하고 있습니다. 아가서는 사랑하는 마음이 결혼으로 결실을 맺게 되는 내용으로 구성되어 있습니다. 아가서에서 인간적인 사랑을 이야기하는 이유는 하나님 사랑이 무엇인지에 대해서 알려 주기 위해서입니다.

'사랑'이라는 주제는 하나님을 이해하는 데 아주 중요합니다. 하나님은 사랑이십니다. 사랑은 무엇과도 비교하기 어려운 힘을 가지고 있습니다. 예를 들어 보면, 어머니는 아이를 사랑하기 때문에 어떤 힘든 일과 고통스러운 과정도 모두 참아 내며 양육합니다. 아버지는 가족을 사랑하기 때문에 아무리 고생스러워도 열심히 일합니다. 사랑은 모든 것을 견디고 참게 합니다. 우리를 향한 하나님의 사랑이 얼마나 크고 놀라운지 모릅니다. 그 사랑은 죄인인 우리를 구원하시는 과정에서 증거되었습니다.

하나님은 사람을 창조하시고 사랑하셨습니다. 사람을 위해서 에덴동산을 만드시고, 모든 피조물을 다스리게 하셨습니다. 선악과를 먹지 말라고 하신 단 한 가지 명령을 제외하고, 모든 것을 할 수 있는 자유까지 주셨습니다. 사람이 그 한 가지 명령을 거부하고 범죄했을 때, 하나님은 사람을 버리지 않으셨습니다. 심판하시

고 새로운 사람을 만드신 것이 아니라, 구원에 대한 약속을 주셨습니다. 왜일까요? 사랑 때문이었습니다.

하나님의 사랑이 얼마큼 큰지 어떻게 알 수 있을까요? 우리가 이해할 수 있는 사랑은 결혼에 관련된 사랑이나 자녀를 향한 사랑입니다. 그러나 하나님의 사랑은 이보다 훨씬 더 크고 아름답고 숭고한 사랑입니다. 독생자까지 우리를 위해서 십자가 형벌에 내어 주신 사랑입니다.

로마서 5장 8절은 말합니다. "우리가 아직 죄인 되었을 때에 그리스도께서 우리를 위하여 죽으심으로 하나님께서 우리에 대한 자기의 사랑을 확증하셨느니라."

이것이 하나님이 우리를 얼마나 사랑하시는지에 대한 매우 큰 증거입니다.

적용

하나님이 우리를 얼마나 깊이 사랑하시는지 함께 묵상해 봅시다. 아들까지 내어 주신 사랑을 더욱더 깊이 알기 위해서 기도합시다. 그리고 이 사랑에 감사하고 이 사랑으로 힘을 얻어 시험과 어려움들 모두 이길 수 있도록 기도합시다.

기도

하나님 아버지. 우리를 사랑해 주셔서 감사합니다. 우리가 먼저 하나님을 찾아 사랑한 것이 아니라, 하나님이 죄인된 우리를 먼저 찾으셨고 불러 자녀 삼아 주셔서 감사드립니다. 이 사랑을 하나님과 이웃에게 다시 표현할 수 있도록 인도해 주옵소서.

이사야1 | 타락한 자녀에게 주시는 거룩한 징계

주제 말씀 하늘이여 들으라 땅이여 귀를 기울이라 여호와께서 말씀하시기를 내가 자식을 양육하였거늘 그들이 나를 거역하였도다 이사야 1:2
관련 말씀 이사야 1-12장

구약 성경 마지막의 열일곱 권을 선지서라고 합니다. 선지서에 나오는 말씀 중에는 예언처럼 보이는 말씀들이 많아요.

여기서 말하는 예언이란, 점을 치듯이 미래 일을 맞힌다는 의미가 아니라, 율법의 적용이에요. 이스라엘 백성이 지켜야 하는 율법에 대해서 지키지 않을 때 내려지는 벌에 대한 적용이라는 뜻입니다.

오래전에 하나님은 모세에게 율법의 말씀을 주시며, 말씀을 잘 지키면 상을 주고, 지키지 않을 때 벌을 준다고 말씀하셨습니다. 그런데 이 백성들은 율법을 오랜 시간 계속해서 어기고 하나님 앞에 범죄 합니다. 하나님은 이 범죄에 대해서 결국 오래 참으시다가 법을 집행하기에 이르시지요.

선지서에 나오는 모든 예언들은 율법에서 이미 예고한 벌을 구체적으로 집행하게 되는 과정들에 대한 말씀들입니다. 마치 예언처럼 보이지만, 이것은 공의로우신 하나님의 매우 합당한 판결이었고, 하나님의 법을 바로 세우는 정의로운 판결이었습니다. 이것이 율법의 적용입니다.

세상의 처벌들은 징벌이 목적입니다. 그러나 하나님의 처벌은 징계라고 하며, 이것은 회복을 위한 하나님의 정의로우심입니다.

비록 선지서에 수많은 징계에 대한 예고가 나오지만, 동시에 하나님은 이 징계를 통해서 어떻게 새롭게 거듭나고 회복을 허락하실지에 관한 말씀도 주십니다.

다시 말하면 하나님이 자기 백성이 죄를 범해서 결국 나라를 잃게 하는 심각한 징계를 내리시지만, 이 징계는 하나님 앞에서 백성 된 거룩한 자녀로서 회복되는 과정인 것입니다.

자녀가 나쁜 행동을 할 때, 부모는 바른길을 가르치며 앞으로 당할 불이익을 예고합니다. 수차례 반복하며 가르치는데 그래도 듣지 않으면, 자녀가 고통을 느낄 수 있는 방법을 사용하기까지 이르게 됩니다. 부모의 목적은 다시 바른길로 돌아오게 하기 위함입니다. 부모의 마음 또한 아프지만 자녀가 바르게 성장하는 것이 더욱 중요하기 때문입니다.

하나님도 우리가 잘못된 길을 갈 때, 때로는 혹독한 징계를 내리기도 하십니다. 하나님의 마음도 아프지만 말이죠.

〰️ 적용

반복되는 죄가 있을 때, 하나님 앞에 두려운 마음으로 돌이켜야 합니다. 죄의 문제로 징계를 당하기 전에 하나님 앞에 반복되는 죄의 문제를 회개하고 정결함을 얻도록 합시다.

기도

하나님 아버지, 우리가 죄의 문제에 빠질 때, 내버려 두지 않으시고 징계를 통해서라도 다시 구원받은 백성의 자격을 가질 수 있게 인도해 주셔서 감사합니다. 혹시 우리에게 반복되는 죄가 있다면 돌이킬 수 있는 용기와 의지를 더해 주셔서, 거룩한 자녀로 살아갈 수 있게 도와주옵소서.

이사야2 | 사랑은 정의로 완성됩니다

주제 말씀 그날에 주께서 다시 그의 손을 펴사 그의 남은 백성을 앗수르와 애굽과 바드로스와 구스와 엘람과 시날과 하맛과 바다 섬들에서 돌아오게 하실 것이라 이사야 11:11
관련 말씀 이사야 13-27장

이사야서는 이사야 선지자가 이스라엘의 남쪽인 유다를 향해 전한 말씀을 기록한 성경이에요. 이사야가 활동한 시기는 북쪽 이스라엘이 멸망해 가고 있었고, 남쪽 이스라엘은 이방 나라들의 종교를 포용하면서 신앙과 문화가 점점 타락의 길을 걸어가던 때였습니다.

이사야는 남쪽 이스라엘을 '유다'라고 부르며 그들의 죄악을 하나님 앞에서 드러냈습니다. 그들은 하나님의 백성으로 살아야 하는 십계명 말씀들을 모두 어겼고, 이사야는 십계명에 근거한 죄악의 목록들을 열거했습니다. 특히 유다 지도자들은 하나님과 우상을 동시에 섬길 뿐만 아니라, 이웃을 불쌍히 여기기는커녕 학대하고 착취하는 죄악을 저질렀어요. 이웃을 사랑하라는 말씀을 정면으로 거부하며 자기 탐욕을 위해서 속이고 빼앗고 거짓말하는 일을 너무나 쉽게 저질렀습니다.

하나님은 이사야뿐만 아니라, 수많은 선지자를 통해서 회개할 기회를 주셨습니다. 그러나 하나님이 주시는 기회는 영원하지 않습니다. 돌이키지 않을 때, 하나님은 죄악을 드러내시고 판결하시며, 그 판결대로 징계하십니다.

사랑의 하나님이 어떻게 자기 백성에게 심한 벌을 내리실 수 있을까요? 우리가 잘못해도 항상 눈감아 주셔야 하지 않을까요? 그리고 왜 범죄한 자들에게 더 많은 기회를 주지 않으시고, 왜 영원토록 참지 않으실까요?

그것은 하나님의 공의 때문입니다. 공의는 정의를 세웁니다. 하나님의 법이 원칙대로 집행되는 것이 정의입니다. 자녀를 사랑하는 부모라면 자녀가 죄악에 빠져 있는 것을 두고 볼 수 없습니다. 죄에 대해서 바르게 판결해 주어야 합니다. 하나님은 공의로우시기 때문에 모든 판결은 정당하며 정의를 세우기 위한 것입니다.

하나님은 사랑이시며 공의이십니다. 사랑은 범죄를 눈감는 것이 아닙니다. 범죄를 드러내 고쳐서 정의를 세우고, 법을 온전하게 지켜 하나님의 사랑을 받는 자녀로 세웁니다. 사랑은 정의로 완성됩니다.

적용

정의로운 징계는 자녀들의 죄를 깨닫게 하고 회개의 길로 안내합니다. 하나님은 우리가 죄악 가운데 있을 때 경고하십니다. 마음에 두려움을 주십니다. 깨닫는 마음을 주실 때 하나님 앞에 회개합시다. 죄 용서를 구하고 거룩에 이르기를 다짐해 봅시다.

기도

하나님 아버지, 우리가 죄악된 길에 머물 때, 말씀으로 깨닫게 하시고 경고해 주심을 감사드립니다. 우리가 죄를 싫어하고 거룩을 사모하며 하나님을 닮은 친백성이 되게 도와주옵소서.

이사야 3 | 하나님은 말씀의 법으로 정의를 세우세요

주제 말씀 의인의 길은 정직함이여 정직하신 주께서 의인의 첩경을 평탄하게 하시
도다 이사야 26:7
관련 말씀 이사야 28-39장

경찰서 앞에 가면 큰 간판에 '정의 사회 구현'이라는 문구가 써 있습니다. 사회가 안전하고 평안하기 위해서 범죄가 없어야 하지요? 혹시 범죄가 드러나더라도 법으로 정의를 세워야 공정한 사회가 될 수 있는 거랍니다. 모든 사람에게 공정하게 법을 적용해야 합니다. 가난한 자에게 법을 가혹하게 집행해서도 안 되고, 부자에게 법을 허술하게 적용해서도 안 됩니다. 정의가 바로 세워져야 모두가 서로를 존중하고 서로에 대한 약속을 지키게 됩니다.

하나님 나라도 그렇습니다. 하나님의 백성이 안전하고 평안히 거하기 위해서 원칙과 법을 존중하고 지켜야 합니다. 하나님 나라는 반칙이나 거짓말이 없는 나라입니다. 하나님이 세우신 법이 잘 지켜지고, 법을 존중할 때에라야, 모두가 평안하고 안전하게 거할 수 있어요. 서로를 향한 배려와 섬김이 가능하지요. 이 법을 지키는 정의를 통해서 하나님을 올바르게 섬길 수 있어요.

이 법은 십계명에 요약이 되어 있습니다. 십계명은 크게 두 가지로 요약됩니다. 하나님에 관하여 지켜야 할 법과 우리가 서로에게 지켜야 할 법입니다.

이사야 시대는 불의가 넘쳐 나는 시대였습니다. 불의로 수많은 피해자들과 억울한 사람들이 생겼죠. 특히 하나님의 말씀을 지키

며 법이 잘 지켜지는 나라를 소망하던 백성들에게 불의한 사회는 큰 고통이었습니다. 이사야 선지자는 하나님의 정의가 곧 실행될 것을 말합니다. 불의한 자들에 대한 징계가 곧 임박했으며, 하나님이 하나님의 정의로 다시 회복시켜 주실 것을 이야기합니다.

우리도 살아가면서 억울한 피해를 볼 때가 있습니다. 물론, 고통스럽고 힘든 경험과 시간이 될 수 있습니다. 그러나 불의한 세상 가운데 억울한 일을 겪을 수밖에 없지만 우리에게는 소망이 있습니다. 하나님께서 억울한 자와 고통당하는 자의 외침을 들으시기 때문입니다. 하나님의 때에 하나님의 공의로우심을 드러내 보여 주십니다.

적용
우리에게 불의한 일을 통한 억울함과 원통함이 있다면 공의로우신 하나님께 기도합시다. 하나님의 공의가 세워지길 기도합시다. 또한 불법과 불의가 위협하는 이 세상에 속히 하나님의 정의가 세워지고 불법한 죄악들이 심판받고 하나님의 공의로운 통치가 임하길 위해서 기도합시다.

기도
하나님 아버지, 이 땅에서 우리가 불의한 자들에게 어려움을 당할 때가 있습니다. 하나님의 공의가 이 땅에 세워지게 하시고, 온 세상을 하나님의 법으로 다스리게 되는 때를 인내하며 소망할 수 있도록 도와주옵소서.

이사야 4 | 공의를 보이시는 하나님의 방법

주제 말씀 그가 찔림은 우리의 허물 때문이요 그가 상함은 우리의 죄악 때문이라 그가 징계를 받으므로 우리는 평화를 누리고 그가 채찍에 맞으므로 우리는 나음을 받았도다 이사야 53:5
관련 말씀 이사야 40-55장

이사야 선지자는 범죄 한 이스라엘에게 하나님의 진노하심으로 인하여 바벨론 제국에 의해 패망할 것을 말합니다. 모든 백성이 바벨론 제국의 포로가 되어 혹독한 징계를 받을 것을 예고하지요. 그러나 징계를 받은 후에 이스라엘이 사라지는 것이 아니라, 다시 회복될 것을 말합니다. 이 회복은 어떻게 이루어질까요?

하나님이 다윗의 자손 중에 왕을 보내실 계획을 말씀하십니다. 바로 그 왕이 예수 그리스도이십니다. 42장 1-2절에서 하나님은 말씀하십니다. "내가 붙드는 나의 종, 내 마음에 기뻐하는 자 곧 내가 택한 사람을 보라 내가 나의 영을 그에게 주었은즉 그가 이방에 정의를 베풀리라 그는 외치지 아니하며 목소리를 높이지 아니하며 그 소리를 거리에 들리게 하지 아니하며" 예수 그리스도가 오셔서 하나님의 모든 공의를 이루시고 정의로 백성을 통치할 것을 말씀하십니다.

예수 그리스도는 하나님의 법을 완전하게 순종하셔서 하나님의 의를 이루시고 정의를 베푸십니다. 이 정의를 두렵고 무서운 방법으로 실행하신 것이 아니라, 따뜻하고 긍휼히 여기는 방법으로 실현시켜 주셨습니다. 병자와 세리처럼 당시에 자기의 죄와 병으로

사회법에 따라 격리되고 정죄당한 자들을 고쳐 주시고, 죄에서 해방시켜 주셨습니다.

예수 그리스도는 하나님의 공의를 긍휼과 사랑으로 실행하셨습니다. 심지어 우리가 저지른 범죄를 대신해 처벌받으시고, 하나님의 모든 공의를 이루셨습니다. 하나님은 예수 그리스도가 이루신 완전한 의를 그를 믿는 자들에게 전가시켜 주셔서 이제 우리를 예수 그리스도를 믿는 믿음으로 하나님의 공의를 만족시킨 것으로 인정해 주십니다. 우리는 여전히 죄인이지만 의롭다고 칭해 주시는 것입니다. 또한 하나님께서 이제 우리 안에 죄보다 공의를 사랑하는 마음을 허락하셨습니다. 이제 우리를 통해서 하나님의 법을 이루어 가시고 하나님의 공의를 이루어 가십니다.

적용

오늘 예배하면서 함께 하나님의 법을 더욱 사랑하는 마음을 주시길 기도합시다. 하나님을 더욱 사랑하며 예배할 수 있도록 간구하고, 이웃과 가족을 위해 인내하고 섬기는 마음을 달라고 구합시다. 서로 사랑함으로 그리스도의 법이 우리 안에 온전해지길 구합시다.

기도

하나님 아버지, 연약하고 부족한 우리를 위해 독생자 예수 그리스도를 보내어 주셔서 감사드립니다. 우리 안에 계신 주님을 의지할 때 우리 안에 탐심을 제하여 주시고 하나님과 이웃을 섬기고 사랑하는 법이 온전하게 실현될 수 있도록 도와주옵소서.

이사야 5 | 하나님의 완전한 공의로 세상이 회복돼요

주제 말씀 보라 내가 새 하늘과 새 땅을 창조하나니 이전 것은 기억되거나 마음에 생각나지 아니할 것이라 이사야 65:17
관련 말씀 이사야 56—66장

    이사야서 말씀은 이스라엘에 대한 회복으로 마무리됩니다. 이 회복은 이스라엘 백성뿐만 아니라, 앞으로 오는 모든 하나님의 자녀에 대해서도 적용이 되는 것이죠. 하나님은 예수 그리스도를 통해서 구약 백성들이 실패한 하나님의 법을 우리 안에 실현하시는 것으로 우리에게 회복을 주십니다. 비록 우리가 죄의 오염 가운데 있고 이 땅에서 완전하지 않지만, 예배를 통해서 우리 안에 말씀하시고 선한 의지를 더해 주십니다.

    그러면 이 땅에서 하나님의 법에 대한 완전한 성취가 가능할까요? 이사야서 말씀은 완전한 성취를 예고합니다. 이사야 56장에서 66장까지의 말씀은 어떻게 완성될지에 대해서 말하고 있어요.

    하나님은 우리 안에 예수 그리스도를 통해 시작된 하나님의 법을 마지막 때에 완성하십니다. 그때는 우리의 과거 죄악을 모두 소멸하시고 전혀 생각나지 않게 하시며, 완전한 통치를 이루십니다. 다시는 자기 백성을 징계하지 않으시고 자기 백성을 기뻐하실 것입니다. 그 백성들은 하나님의 완전한 통치에 기뻐하며 영원토록 즐거워하게 됩니다. 어떤 유혹과 시험에도 들지 않고, 하나님만을 예배하며 하나님만 찬양하고 섬기게 됩니다. 이러한 하나님의 완전한 통치를 이사야 말씀은 새 하늘과 새 땅을 창조하신다고

표현하고 있어요.

여전히 이 세상은 공중 권세 잡은 자가 하나님의 자녀를 유혹하고 시험합니다. 그러한 세상에서 반복되는 실패로 인해 눈물과 고통 중에 있나요? 장차 우리가 하나님 앞에 설 때, 이 모든 고통을 사라지게 하시고 완전한 기쁨 가운데 오직 하나님만을 영원토록 즐거워하며 하나님의 법에 완전히 순종하게 될 것입니다. 이러한 완전한 통치는 이제 우리 안에 시작되었습니다. 우리가 아직 죄의 오염 가운데 있더라도, 이 기쁨과 평안을 맛보게 하시며, 완전한 통치를 소망할 수 있게 하십니다.

적용

하나님을 진실하게 예배하고, 간절하게 기도하며 경외하는 마음으로 찬양할 때, 우리 마음에 큰 기쁨과 평안을 주십니다. 우리는 이것을 하나님 앞에 서는 날 완전하게 누리게 되며 마지막 때에는 모든 창조가 회복되어 온 만물이 하나님을 찬양하게 될 것입니다. 하나님께서는 그때가 반드시 올 것이라는 사실을 약속해 주셨습니다. 우리를 모든 죄의 유혹에서 벗어나게 하시고 완전한 거룩 가운데, 영원토록 하나님만을 경배하게 하실 때를 소망하며 하나님만을 바라봅시다.

기도

하나님 아버지, 이 땅에서 시험과 유혹 때문에 믿음으로 살기 힘들 때가 있습니다. 그때마다 힘과 능력을 더해 주시고, 하나님의 때에 이루실 새 하늘과 새 땅을 소망할 수 있도록 도와주옵소서.

예레미야 1 | 말씀을 전하며 핍박을 받아도 힘을 내요

주제 말씀 베냐민 땅 아나돗의 제사장들 중 힐기야의 아들 예레미야의 말이라 예레미야 1:1
관련 말씀 예레미야 1-20장

예레미야서는 예레미야 선지자가 남쪽 이스라엘을 향해 회개를 촉구하시는 하나님의 말씀을 기록한 성경이에요.

예레미야 집안은 제사장 가문이었기 때문에 예레미야는 어려서 성전에서 예배하는 일을 항상 보아 왔습니다. 그는 어느 날 하나님께 선지자로 부름을 받고 약 40년 동안 부패와 타락으로 내리막길을 걷던 남쪽 이스라엘을 향해서 말씀을 선포했습니다.

예레미야는 선지자들 중에서 가장 많이 회개에 관한 말씀을 선포했습니다. 매우 신랄하게 백성과 지도자들의 죄를 지적하고 하나님의 진노 가운데, 바벨론 포로로 끌려가는 징계를 받는 것이 하나님의 뜻이라고 선포했지요.

이 말씀을 듣고 지도자들은 회개하기는커녕, 예레미야를 핍박합니다. 예레미야는 솔로몬의 성전이 불에 타고 예루살렘 성벽이 무너지는 것을 보며 얼마나 고통스러웠는지, 예레미야애가를 기록하며 죽음에 이르는 고난에 관하여 이야기했습니다.

예레미야는 선지자들 중에서 가장 큰 고난을 당한 선지자였습니다. 사역 가운데 어떤 열매도 보지 못합니다. 그가 전한 메시지는 계속해서 거부당하고 조롱거리가 되었으며 더 이상 말을 하지 말라는 협박도 당합니다.

하나님은 이 고통스러운 사명을 위해서 예레미야를 부르셨습니다. 그리고 예레미야는 고난받는 자리라도 사명으로 받고 끝까지 부르심에 최선을 다했습니다.

아무런 열매가 보이지 않는 일을 지속하는 것만큼 어려운 일이 있을까요? 예레미야는 한 명의 회심자를 얻었다는 기록도 없습니다. 어떻게 견디고 이겨 낼 수 있었을까요? 예수님도 십자가를 지실 때 모든 제자가 도망갔습니다. 지상 사역에서 어떤 열매도 보지 못하셨습니다. 그러나 하나님의 뜻에 순종할 때 하나님이 높여 주시고 하나님 우편에 앉히셨습니다. 신앙생활하면서 혹은 사역 중에 열매가 보이지 않더라도, 낙심치 맙시다. 오직 하나님 앞에 서는 날, 주실 상급과 하나님의 칭찬을 소망합시다. 고단한 현실을 견디는 것도 매우 중요한 하나님 앞에서의 믿음입니다.

적용

대부분 성경에 나오는 믿음의 사역자들은 큰 열매를 보지 못한 경우가 많았습니다. 우리의 참된 위로는 우리가 이룬 열매가 아닙니다. 하나님 앞에 서는 날, 주실 상급과 하나님의 칭찬을 소망하는 기도를 드립시다.

기도

하나님 아버지, 이 땅에서 삶의 열매가 보이지 않을 때가 있습니다. 낙심치 않게 해 주시고, 힘을 더해 주셔서, 오직 하나님이 높여 주시고 칭찬하실 상급을 소망하며 살게 도와주옵소서.

예레미야 2 | 행함이 없는 믿음에 대해 경고하세요

주제 말씀 만군의 여호와 이스라엘의 하나님께서 이와 같이 말씀하시되 너희 길과 행위를 바르게 하라 그리하면 내가 너희로 이 곳에 살게 하리라 예레미야 7:3
관련 말씀 예레미야 21-29장

예레미야서는 신랄하게 이스라엘의 범죄에 대해 지적하고 있습니다. 성경 중에서도 많은 내용을 범죄 한 이스라엘을 정죄하는 것에 할애하고 있는 책입니다. 예레미야는 7장 2절에 보면 "예배하러 이 문으로 들어가는 유다 사람들아"라고 외치며 예배하고 있는 현장을 향해 회개를 촉구하고 있어요.

예레미야는 거짓된 믿음으로 예배를 드리는 것을 지적하는 것입니다. 당시 남쪽 이스라엘 사람들은 부패와 타락으로 내리막길을 걷는 중에도 예배를 충실하게 드리는 것처럼 보였어요. 그들은 7장 4절에서 말하듯이, "이것이 여호와의 성전이라"고 말하며, 성전에서 예배를 드렸습니다. 그러나 성전 밖의 그들의 모습은 범죄 그 자체였습니다. 자신들은 어떤 죄를 짓거나, 아무리 타락해도 여전히 하나님이 자신들을 지켜주신다고 믿고 온갖 죄를 저질렀기 때문입니다. 그들은 자신들이 선택받은 세계 중심이 되는 백성이라는 굳은 믿음을 가지고, 우상숭배를 하거나 이웃을 착취하여도 하나님께서 이방 나라들 가운데서 자신들을 보호하신다는 사실은 절대 취소되지 않는다고 생각했습니다.

그러나 예레미야는 그들에 대해 행함이 없는 잘못된 믿음이라는 사실을 지적합니다. 하나님 앞에서 고백한 믿음이 진실하다면 삶으로 드러나지 않을 수 없습니다. 그들은 대부분 하나님과 우상을 함께 섬겼습니다. 하나님의 말씀에 따라 자신의 탐욕과 이익을 제한하는 것이 아닌, 이익과 탐욕에 따라 하나님을 제한했습니다. 그들의 삶에서 하나님은 우선순위가 될 수 없었기에, 말씀에 대한 순종이 없었고 그 결과 그들의 말과 행동이 거룩해지는 변화는 일어나지 않았습니다. 결국 그들은 자신들의 탐욕과 권력을 신으로 삼아 섬긴 것입니다. 거룩을 사모하지 않고 부패와 타락으로 쓴 열매를 맺는 백성들과 하나님은 함께하실 수 없었습니다.

예수 그리스도를 믿음으로써 의롭다 여김을 받고 구원을 얻었다면, 삶에서 조금씩 증거가 나타날 수밖에 없습니다. 다시 말하면 칭의와 성화는 동전의 양면처럼 함께 삶에서 증거로 드러납니다. 믿음 생활을 할수록 죄가 늘어 가고 신앙 양심이 무뎌 간다면, 믿음에 대한 고백이 진실한지 다시 돌아보아야 합니다.

적용
고백과 삶이 분리되고 있지 않은지 우리 스스로를 돌아봅시다. 예배 가운데 깨달은 죄를 돌이키기로 결심했다면 행위와 입술에 변화가 있기를 위해 기도합시다. 하나님께 선한 의지를 더해 주시기를 위해 기도할 때, 거룩을 향한 변화가 시작됩니다.

기도
하나님 아버지, 우리의 믿음이 행함과 진실함으로 드러날 수 있도록 도와주옵소서. 예배를 하면 할수록 예수 그리스도를 닮아 하나님을 높이고 이웃과 가족을 향해 더 사랑하고 인내하고 품을 수 있게 도와주옵소서.

예레미야 3 | 새 언약 백성으로 불러 주신 은혜

주제 말씀 그러나 그날 후에 내가 이스라엘 집과 맺을 언약은 이러하니 곧 내가 나의 법을 그들의 속에 두며 그들의 마음에 기록하여 나는 그들의 하나님이 되고 그들은 내 백성이 될 것이라 여호와의 말씀이니라 예레미야 31:33
관련 말씀 예레미야 30-52장

    예레미야서는 대부분 이스라엘 백성들의 죄에 대해서 매우 엄중하게 경고하고, 구체적인 죄악들을 드러내고 비판하고 있어요. 이런 지적은 단지 사람들 앞에 고발하고 부끄러움을 주기 위한 목적이 아니라, 다시 하나님 앞으로 바르게 돌아오길 바라는 안타까운 외침입니다. 믿음과 행위가 분리된 형식적인 믿음 생활이 아니라, 진실로 하나님 앞에서 두려움과 떨림으로 살아가는 거룩한 백성으로의 회복입니다.

    선지자들이 외치는 말씀들이 마치 정죄로만 끝나는 것처럼 보이더라도 이면에는 깊은 긍휼과 회복에 대한 소망이 담겨 있습니다. 예레미야 4장 19절에 따르면, "슬프고 아프다 내 마음속이 아프고 내 마음이 답답하여 잠잠할 수 없으니 이는 나의 심령이 나팔 소리와 전쟁의 경보를 들음이로다"라고 고백하며, 범죄 한 자들을 향한 분노를 쏟아 내는 것이 아니라, 함께 탄식하고 아프고 고통스러운 마음으로 하나님 앞에 외치고 있습니다.

    하나님은 사랑하는 백성들이 타락한 길로 접어들었을 때, 분노를 쏟아 내고, 땅을 빼앗는 것으로만 끝내지 않으셨습니다. 다시 회복될 수 있는 길을 마련해 주셨습니다. 다시는 하나님의 말씀으로 사는 일에 실패가 없도록 하나님의 법을 우리 마음에 새겨 주겠다는 약속이었습니다. 이 약속대로, 예수 그리스도를 이 땅에 보내어 주시고, 영접하는 자마다 하나님의 자녀가 되는 권세를 주셔서, 지치고 힘들 때나 죄를 범할 때, 항상 말씀이 떠오르게 하셔서, 우리 스스로 엎드릴 수 있는 의지와 기회를 허락해 주십니다. 하나님은 사랑하는 자녀들을 그 사랑에서 벗어나지 않도록 전능하신 능력 안에서 약속의 말씀 가운데 붙들어 주셨습니다.

교회와 성도들의 죄가 드러날 때, 단지 분노만 하고 끝난다면, 내 눈의 들보는 보지 못하고 형제의 눈의 티끌만 지적하는 경우가 되고 맙니다. 믿음의 가족에게 드러난 죄가 있다면, 지적하기 전에 함께 기도하며 영적인 회복을 위해서 기도해야 합니다. 이것이 새 언약 백성의 모습이에요. 함께 회개할 때 그리스도의 한 몸 된 교회가 회복될 수 있습니다.

적용
우리 가정에 있는 죄가 보이는 부분이 있나요? 그 죄를 드러내기 전에 나의 죄로 여기고 회개합시다. 오늘 예배하며, 잠잠히 하나님의 긍휼을 구합시다.

기도
하나님 아버지, 우리의 죄악대로 모두 갚지 않으시고 항상 회복의 길을 열어 주셔서 감사드립니다. 우리 죄를 용서해 주셨듯이, 형제와 자매, 가족의 죄가 드러날 때 나의 죄로 여기고 함께 서로를 위해 하나님께 용서함을 구하고 거룩한 삶에 대한 소망을 함께 품을 수 있게 도와주옵소서.

예레미야애가 1 | 그들의 죄가 곧 나의 죄입니다

주제 말씀 우리가 스스로 우리의 행위들을 조사하고 여호와께로 돌아가자 예레미야애가 3:40
관련 말씀 예레미야애가 1–5장

예레미야애가는 '예레미야 선지자가 쓴 슬픈 노래'라는 뜻입니다. 예레미야는 40년간 사역하며 남쪽 이스라엘이 타락하고 부패한 모습에서 돌이켜 하나님을 온전히 섬기고 말씀에 순종하는 백성이 될 수 있도록 말씀을 외쳤지만, 어떤 변화도 없었지요.

이스라엘 백성들은 임박한 하나님의 진노를 들었지만, 믿지 않았고 악한 행실에서 떠나지 않았습니다. 결국 남쪽 이스라엘의 마지막 왕 시드기야는 굴욕적인 모습으로 바벨론에 포로로 끌려갔습니다. 그뿐만이 아니라, 솔로몬 성전은 모두 불에 타고, 예배에 사용되었던 모든 성전의 물건들은 약탈당했고, 예루살렘성은 무너졌습니다. 많은 지도자들 또한 함께 포로로 끌려갔습니다.

예레미야는 너무나 비극적인 장면을 두 눈으로 목격했습니다. 제사장 가문 사람으로서 성전까지 불에 타는 모습을 보는 것은 말할 수 없는 고통이었습니다. 멈추지 않는 눈물로 눈이 상할 정도였고 창자가 끊어지는 것 같은 아픔이었다고 기록하고 있습니다. 예레미야는 이런 하나님의 징계를 막기 위해 평생을 외쳤기에 그 고통과 슬픔이 너무나 컸습니다.

이런 비극적인 일에 대해서 예레미야는 얼마든지 지도자들을 원망하고 분노할 수 있었습니다. 그러나 지도자들에 대한 비난을

쏟아 내기보다는 이 모든 참극에 대해 우리의 죄악이라고 고백합니다. 예레미야는 이 비극에 대한 책임을 회피하지 않았습니다. 이 비극의 원인을 '그들의 문제'라고 하지 않고 '우리의 문제'라고 하며, 하나님께 자복하고 애통해하며 회개했습니다. 그리고 촉구합니다. '우리가 하나님께 돌아가자'라고 외치고 있습니다. '우리가 함께 하나님께 손을 들자'라고 말하고 있습니다.

오늘 우리의 모습은 어떤가요? 교회는 한 몸입니다. 예수 그리스도가 머리 되시며 성도는 그분의 지체들입니다. 손가락이 아프면, 온몸에 고통이 전달되는 것처럼 교회에서 일어난 문제는 몇몇 사람만의 책임이 아니라, 모든 공동체의 책임입니다. 더 나아가 어떤 교회의 아픔도 모든 그리스도인의 아픔인 것이지요. '애가'를 부르는 예레미야의 모습이 나의 모습이 되길 소원합시다.

적용

혹시 교회 안에 문제가 보인다면 우리 모두는 그리스도의 몸 된 지체이므로 함께 기도해야 합니다. 오늘 예배하며, 교회를 위해 기도합시다. 죄의 문제가 보인다면 함께 회개하고, 어려움을 들었다면 회복을 위해서 함께 기도합시다.

기도

하나님 아버지, 우리를 예수 그리스도의 몸 된 지체로 불러 주셔서 감사드립니다. 우리를 위해 누군가 기도하고 있는 것처럼, 우리 또한 다른 형제자매를 위해서 기도할 수 있는 마음을 허락해 주옵소서. 서로 기도하며 그리스도의 몸 된 교회가 자라나고 성장할 수 있도록 도와주옵소서.

에스겔 1 | 포로가 되는 징계도 회복을 위한 은혜예요

주제 말씀 그 때에야 그들이 나를 여호와인 줄 알리라 에스겔 6:10
관련 말씀 에스겔 1-32장

에스겔 성경은 제사장 출신 에스겔 선지자가 쓴 성경입니다. 그는 성전에서 예배를 위해 구별되어 하나님을 섬기는 사람이었지만, 이스라엘이 점점 타락해 가면서 성전이 불타고 백성들이 포로로 끌려가는 것을 보아야만 했습니다. 에스겔이 하나님의 말씀을 받아 선지자로 다시 부름을 받던 때는 바벨론으로 잡혀가 포로 생활을 할 때였습니다.

에스겔서는 48장에 이르는 많은 말씀입니다. 거의 매 장마다 중요하게 반복되는 구절이 있습니다. 그것은 "내가 여호와인 줄 알게 될 것이다."라는 말씀입니다. 약 60여 회 반복되면서, 하나님이 여호와이심을 계속해서 알려줍니다.

이 말씀은 포로로 끌려온 백성들에게 두 가지 의미가 있었습니다. 책망과 회복이었습니다. 책망의 의미는 이 백성들이 그동안 하나님이 여호와이시라는 사실을 잊었고 타락했기 때문이었습니다. 여호와라는 이름에 대해서 잘 설명한 구절은 출애굽기 3장 13절입니다. '스스로 있는 자'라는 설명입니다. 원래 이스라엘 백성들은 여호와라는 이름을 부르기 어려워했습니다. 왜냐하면 너무나 전능하고 인애로우며 두려운 이름이었기 때문입니다. 성경을 필사하는 서기관은 여호와라는 이름이 나올 때 펜을 내려놓고 목욕을 한 후에 그 이름을 쓸 정도였습니다. 여호와라는 이름에 대한 깊은 신뢰와 경외가 있었습니다.

백성들이 점점 타락해 가면서, 여호와를 가볍게 여기기 시작했습니다. 그리하여 징계를 받았고, 그럼에도 하나님은 또다시 회복을 약속하셨습니다. '알게 될 것이다.'는 말씀은 징계를 통해서 거룩을 회복하게 되어 다시 한번 하나님이 여호와이심을 고백하게 될 것이라는 약속이었습니다.

에스겔 선지자는 이스라엘이 망하기 전 예배를 위해 성전에서 섬기며, 온전한 예배 가운데 불린 여호와의 이름을 잃은 것에 대한 책망을 전했습니다. 그리고 전능하신 여호와의 이름이 회복되기 위해서 말씀을 전했습니다.

적용

우리는 정말 사랑하거나 존경하는 사람을 부를 때, 쉽게 부르거나 장난스럽게 부르지 않습니다. 사랑하는 마음과 존경하는 마음을 담아서 부릅니다. 오늘 예배하면서, 하나님 아버지의 이름을 경외하는 마음으로, 믿는 마음으로 부르는지 다시 한번 돌아보기 바랍니다. 하나님을 부를 때, 간절한 마음과 믿는 마음과 경외하는 마음으로 부를 수 있기를 위해서 함께 기도합시다.

기도

하나님 아버지, 존귀하고 영화로운 이름을 높여 드립니다. 그 이름을 부르며 기도하고 예배할 때마다 우리 마음속에 간절한 마음과 믿는 마음과 경외하는 마음이 회복되어 하나님이 우리를 향해 베풀어 주신 복을 누릴 수 있게 도와주옵소서.

에스겔 2 | 마른 뼈도 살리시는 은혜를 약속하세요

주제 말씀 내가 또 내 영을 너희 속에 두어 너희가 살아나게 하고 내가 또 너희를 너희 고국 땅에 두리니 나 여호와가 이 일을 말하고 이룬 줄을 너희가 알리라 여호와의 말씀이니라 에스겔 37:14
관련 말씀 에스겔 33-39장

에스겔 선지자는 과거에 제사장으로 성전에서 예배를 드리는 일을 섬겼어요. 성전은 이스라엘 나라의 성공과 실패를 좌우하는 가장 중요한 장소였지요. 이스라엘이 패망하며 성전이 모두 불에 타고 사라졌을 때 가장 큰 충격에 빠진 사람은 제사장이었습니다.

그렇기에 에스겔 선지자의 가장 큰 소망은 온 백성이 함께 하나님께 나와 성전에서 예배하는 것이었어요. 그러한 에스겔 선지자에게 하나님은 성전에 대한 회복을 자세히 말씀하십니다. 에스겔 성경에서 약 3분의 1 정도의 분량은 회복에 대한 말씀이며 그중에서 대부분은 성전 회복에 대한 말씀입니다. 그중에서도 특히 하나님은 37장의 마른 뼈 환상에서 이스라엘 백성에 대한 회복을 말씀하시면서, 영원토록 내주하시는 하나님의 영에 대한 약속을 말씀하십니다.

마른 뼈 환상에서 이스라엘 백성들은 하나님께 징계를 받아 광야에서 죽은 후에 오랫동안 방치된 마른 뼈들과 같은 사람들이었습니다. 이 당시에 장사되지 못하고 버려져 방치된 뼈들은 저주받은 사람으로 생각되었습니다. 이스라엘이 바로 타락과 부패로 하나님께 저주받은 자들이었지만 모두 다시 살아나는 환상을 보여 주십니다.

제사장이었던 에스겔은 양과 소 등의 제물의 가죽을 벗기고 각을 뜨는 일에 익숙했습니다. 하나님은 그에게 죄로 인해 해체하고 분해하는 일이 아니라, 은혜로 인해 연결하고 회복하고 영원히 하나님의 영으로 내주하실 약속을 보여 주십니다. 그들 안에 다시는 멸망하지 않을 영원한 성소를 약속하십니다. 이 약속대로 하나님은 예수 그리스도의 부활로 성령 하나님을 보내어 주셔서, 우리 가운데 영원히 거하도록 하셨습니다.

〰️ 적용

에스겔은 성전이 불에 타고 나서 바벨론에 포로로 끌려왔습니다. 더 이상 성전에서 임재하시는 하나님을 경험할 수도 없었습니다. 정신적인 고통은 이루 말할 수 없었습니다. 그러나 하나님은 약속하십니다. 앞으로 백성들 가운데 임재하시고 내주하셔서 영원토록 떠나지 않을 약속이었습니다. 우리 안에 성령 하나님이 계신 은혜는 이 약속 때문입니다. 내 안에 성령 하나님이 영원토록 떠나지 않으시고 성소로 만드시며, 우리가 죄악 가운데 있더라도 말씀으로 깨닫게 하시고 거룩을 사모하게 하십니다. 오늘 예배하며, 내 안에 계신 성령 하나님께 감사합시다. 영원히 함께 계심과 그리스도와 연합하여 믿음 가운데 자라게 하실 것과 몸의 부활과 영원히 살게 하실 은혜를 감사합시다.

🗒️ 기도

하나님 아버지, 우리 안에 영원히 내주하시는 성령 하나님을 인해 감사드립니다. 말할 수 없는 탄식으로 우리를 위해 기도하시며, 이 땅의 어떤 고난 가운데서도 지켜 주실 것과 장차 영원히 하나님과 함께 살 수 있는 은혜를 베풀어 주심으로 인하여 감사합니다.

에스겔 3 | 우리가 하나님의 성전입니다

주제 말씀 내 성소가 영원토록 그들 가운데에 있으리니 내가 이스라엘을 거룩하게 하는 여호와인 줄을 열국이 알리라 하셨다 하라 에스겔 37:28
관련 말씀 에스겔 40~48장

에스겔서 마지막 아홉 장은 성전 환상에 관한 말씀입니다. 이스라엘 역사에서 성전은 모두 세 번 건축됩니다. 솔로몬 성전, 스룹바벨 성전, 헤롯 성전입니다. 성전은 하나님이 백성 가운데 임재하시는 거룩한 처소입니다. 하나님은 성전에서 백성들의 예배를 받으셨어요. 백성들이 서로 죄를 짓거나 하나님께 범죄 할 때 성전에 나와 하나님께 제물을 바치며 하나님과의 관계와 이웃과 관계를 회복했습니다.

이스라엘 민족에게는 가나안 땅을 얻고 난 후 각 지역마다 예배를 위해 섬기는 레위인들이 있었습니다. 이스라엘 민족의 운명은 경제력이나 군사력에 달려 있지 않았습니다. 하나님을 왕으로 모셨기 때문에 얼마나 하나님을 온전하게 예배하고, 그 말씀대로 순종하며 살아가는지에 달려 있었습니다.

그러나 구약시대 역사는 백성들의 예배가 온전하지 못했고, 각종 우상숭배와 범죄로 성전을 더럽힌 과정을 보여 줍니다. 하나님은 더 이상 더럽혀진 땅의 성전에 임재하실 수 없었습니다. 하나님은 성전을 떠나셨고 성전은 이방인들의 손에 더럽혀지고 파괴될 수밖에 없었습니다.

에스겔의 환상에 나오는 이 성전은 역사상 건축된 일은 없었습

니다. 포로에서 돌아온 후에 성전이 완성되었지만, 너무나 초라했습니다. 과거 솔로몬의 성전을 본 노인들은 초라한 성전을 보며 눈물을 흘렸습니다. 또한 헤롯 성전은 정치적인 목적으로 만들어졌고 당시 타락한 종교 지도자들이 성전을 더럽혔습니다.

에스겔의 성전 환상은 다시는 실패 없는 완전한 하나님의 임재를 보여 주는 상징이었습니다. 이 환상은 성전을 잃고 포로로 사는 이들에게 큰 위로와 힘이 되었습니다.

완전한 성전에 대한 환상은 신약시대 예수 그리스도를 통해서 우리 안에 실현되었어요. 하나님은 에스겔 37장 28절에서 영원한 성소를 우리 안에 세우겠다고 말씀하셨습니다. 그렇기에 우리가 바로 하나님의 성전입니다(고전 3:16). 하나님이 에스겔에게 주셨던 환상이 이제 우리 안에서 영원토록 임재하시는 임마누엘 하나님으로 성취되었습니다.

〰 적용

오늘 예배하면서, 우리가 하나님이 거하시는 거룩한 성전이 되었다는 사실에 감사합시다. 우리의 몸과 마음과 행위를 죄에 더럽히지 않도록, 거룩한 백성으로 살기에 부족함이 없도록 힘과 능력을 더해 주시도록 기도하기로 해요.

기도

하나님 아버지, 우리가 하나님의 임재로 거룩한 성전이 되었습니다. 우리가 거룩한 자녀로 살기에 부족함이 없도록 힘과 능력을 더해 주옵소서. 몸과 마음을 죄에 내어 주지 않고 의의 병기로 하나님께 드릴 수 있게 도와주옵소서.

다니엘 1 | 하나님은 역사를 주관하는 왕이십니다

주제 말씀 다니엘이 이 조서에 왕의 도장이 찍힌 것을 알고도 자기 집에 돌아가서는 윗방에 올라가 예루살렘으로 향한 창문을 열고 전에 하던 대로 하루 세 번씩 무릎을 꿇고 기도하며 그의 하나님께 감사하였더라 다니엘 6:10
관련 말씀 다니엘 1-6장

다니엘서는 왕족 출신의 다니엘이 포로 생활 중에 쓴 말씀입니다. 다니엘은 어린 나이에 바벨론 제국에서 왕실을 섬기는 사람으로 선택되었습니다. 그 후 바벨론 제국뿐만 아니라, 메대(메디아) 제국, 바사(페르시아) 제국에 이르기까지 포로 된 민족의 출신으로서 이방인 왕을 섬기며 왕실에서 신뢰받는 관료로 오랫동안 일을 했습니다. 다니엘은 한 나라가 어떻게 통치되고 몰락하는지에 대해서 누구보다 많은 관심과 지식이 있었습니다. 이스라엘이 패망하고 포로로 끌려가는 과정을 보면서, 강력한 제국의 힘을 경험했습니다. 세계 질서는 군사력과 경제력으로 승패가 좌우되는 것처럼 보였지요.

그러나 하나님은 다니엘의 지식과 경험을 사용하셔서 온 세상 민족과 열방을 다스리는 주권자가 실제로 누구인지를 분명하게 말씀하시고 우리에게 알려 주십니다. 모든 열방과 민족을 세우고 무너뜨리기도 하는 힘은 제왕의 권력과 지략이 아니라, 바로 하나님께 있습니다. 하나님께서 세상 모든 나라를 통치하시고, 이 세상 마지막 때에 제국들을 하나님의 법으로 심판하시고 하나님 나라를 영원히 세워 주실 것을 말씀해 주십니다.

다니엘은 제국의 흥망성쇠가 바로 하나님의 권능과 말씀에 달려 있다는 믿음이 있었기에, 6장에서 죽을 수도 있는 위험을 무릅쓰고 왕에 대한 숭배를 거절하고, 매일 하던 대로, 담대하게 하나님께 하루에 세 번 감사 기도를 올릴 수 있었습니다.

이런 다니엘의 모습에서 우리는 분명하게 알아야 할 것이 있어요. 다니엘이 감사 기도를 해서 위기를 이긴 것이라기보다, 이미 하나님께서 이기셨고 이방인의 제국을 왕으로서 통치하고 계신다는 사실을 믿고 확신했기 때문에 그는 위기 속에서도 감사할 수 있었다는 사실이에요. 위기와 고난 속에서 감사할 수 있는 이유는, 이 모든 환경을 다스리시는 하나님에 대한 믿음 때문입니다. 이 믿음이 있다면, 어려운 환경 속에서도 하나님을 향한 감사의 고백을 올려 드릴 수 있습니다.

〰️ 적용

오늘 예배드리며, 우리에게 더욱 큰 믿음을 주시길 기도합시다. 우리의 환경뿐만 아니라 세상 모든 민족까지 다스리시는 하나님의 능력을 온전히 의지하는 믿음을 주셔서, 응답해 주실 하나님께 미리 감사할 수 있는 믿음까지 주시도록 기도합시다.

🙏 기도

하나님 아버지, 우리에게 위기와 고난 속에서도 평안하고 감사할 수 있는 큰 믿음을 허락해 주옵소서. 하나님이 앞서가서 일하시며 모든 것을 이기고 승리하실 때를 바라보며 미리 감사할 수 있는 믿음을 주옵소서. 그래서 어떤 어려움 가운데서도 하나님 안에서 평안할 수 있도록 도와주옵소서.

| **다니엘 2** | 하나님이 세상 모든 나라를 이기셨어요 |

주제 말씀 옛적부터 항상 계신 이가 와서 지극히 높으신 이의 성도들을 위하여 원한을 풀어 주셨고 때가 이르매 성도들이 나라를 얻었더라 다니엘 7:22
관련 말씀 다니엘 7-12장

다니엘은 이방인의 제국 바벨론에서 관료로 일하며 하나님의 말씀을 전했습니다. 이스라엘 백성들은 다니엘과 함께 이방인의 나라에서 포로의 신분으로 살고 있을 때, 하나님의 말씀을 듣게 되었습니다. 하나님은 다니엘 선지자를 통해서, 이 세상 나라를 통치하는 왕은 제국의 황제가 아니라, 하나님이시라는 사실을 보여 주십니다.

이 말씀을 다니엘서 전반부인 1-6장에서 실제 다니엘의 신앙 경험으로 보여 주십니다. 다니엘이 섬기는 제국의 왕들에게 이적을 보여 주시고 다니엘을 기적적으로 살리시면서 포로로 끌려온 땅을 하나님 자신이 여전히 통치하고 간섭하신다는 사실을 보여 주십니다.

다니엘서 후반부인 7-12장은 다니엘에게 환상을 통해서 앞으로 오는 모든 세상 나라들을 하나님이 어떻게 통치하면서, 이 세상의 마지막을 승리로 이끌지 말씀해 주십니다. 이것은 포로로 살고 있는 하나님의 백성들에게 너무나 가슴 벅찬 말씀이었습니다.

다니엘서 후반부에 나오는 환상들은 모두 상징적인 언어로 구성되어 있습니다. 무엇을 상징하냐면, 이스라엘을 어떻게 하나님의 권능과 능력으로 회복시켜 주실지에 관한 말씀입니다. 다니엘

서의 메시지를 듣는 포로민이 된 백성은 종말에 대한 두려움이 아니라, 세상의 모든 제국을 능히 이기고도 남으시는 하나님의 권능을 알게 됩니다. 이 환상에 관한 말씀들 중에는 요한계시록에도 인용이 되는 단어나 구절이 있습니다. '70이레'(490년)나, '한 때 두 때 반 때'(3년 반), 등과 같은 숫자들은 문자 그대로 종말에 관해서 오해하게 할 수 있습니다. 이런 숫자들은 모두 고난의 때가 지나고 은혜의 때가 올 것에 대한 위로와 회복을 상징합니다. 하나님은 징계로 고난 중에 있는 백성들에게 이 모든 제국을 통치하시며 마지막 때에 완전한 하나님 나라의 승리를 주실 것이므로, 지금의 어려움을 이기고 소망을 가지도록 격려하셨습니다.

적용

우리는 하나님을 왕으로 모신 백성들입니다. 기도는 하나님 나라 통치에 동참하는 것입니다. 우리 주변에 권세와 나라들이 두려워 보입니까? 세상 사람들이 무서울 때가 있습니까? 하나님의 권능 앞에 아무것도 아닙니다. 한낱 물거품에 불과합니다. 하나님을 신뢰합시다. 어려운 환경이라도 변화시키시고 하나님의 계획을 반드시 이루고야 마심을 믿고 맡깁시다. 하나님께 맡기면 하나님이 이루십니다. 확신을 가집시다.

기도

하나님 아버지, 세상 나라와 권세를 통치하시고 섭리하시는 분이심을 고백합니다. 이 시간 우리를 둘러싼 환경이 아무리 우리를 위협하더라도 두려워하지 않게 하소서. 하나님께 온전히 모든 문제를 맡길 때 하나님이 이루시고 인도하심을 믿게 도와주옵소서.

호세아 1 | 하나님이 사랑한다고 외치고 계세요

주제 말씀 거기서 비로소 그의 포도원을 그에게 주고 아골 골짜기로 소망의 문을 삼아 주리니 그가 거기서 응대하기를 어렸을 때와 애굽 땅에서 올라오던 날과 같이 하리라 호세아 2:15
관련 말씀 호세아 1-3장

호세아서는 북쪽 이스라엘을 향해 전한 하나님의 말씀입니다. 호세아서는 열일곱 권의 구약 성경 선지서 중에서 가장 먼저 기록된 말씀으로 추정되고 있습니다.

하나님이 남쪽 이스라엘보다 북쪽 이스라엘에 선지자를 먼저 보내신 이유는 부패와 타락이 심각했기 때문이었어요. 하나님은 처음으로 공식적인 말씀을 기록할 수 있는 선지자를 보내시면서, 타락한 백성을 향한 하나님의 마음을 드러내 보여 주셨습니다.

호세아서 말씀을 한마디로 정의하라면 '타락한 백성을 향한 하나님의 호소'라고 할 수 있습니다. 이 호소는 분노와 진노의 마음보다 진실로 사랑하는 마음으로 간절하게 외치는 사랑입니다.

이런 하나님의 마음을 호세아 선지자는 1-3장에서 음란한 여인 고멜과의 결혼을 통해서 보여 줍니다. 하나님은 호세아에게 타락한 여인을 데리고 와서 결혼 언약을 맺고 살라고 말씀하시면서, 타락한 이스라엘을 향한 하나님의 사랑이 무엇인지 보여주십니다. 호세아는 집을 나간 아내 고멜을 당시 노예의 값인 은 30에 해당하는 금액을 지불하고 데려와 자유를 주면서 결혼 언약 안으로 다시 불러옵니다.

이는 하나님이 부패하고 타락한 이스라엘을 불쌍히 여기셔서 직접 값을 치르고 다시 언약 안으로 부르신다는 것을 보여 주고 있습니다. 호세아 선지자는 이러한 하나님의 사랑을 전하며 '우리가 여호와께 돌아가자'고 외치면서, 간곡하게 호소하고 있습니다.

로마서 5장 8절은 "우리가 아직 죄인 되었을 때 그리스도께서 우리를 위하여 죽으심으로 하나님께서 우리에 대한 자기의 사랑을 확증하셨느니라"라고 말하고 있습니다. 하나님은 부패하고 타락한 죄의 대가를 우리에게 갚지 않으시고, 죄에 대한 심판을 직접 감당하시기까지 사랑하십니다.

적용

우리는 어떤 사람을 사랑하나요? 나에게 잘해 주거나, 좋아할 만한 조건을 가진 사람을 사랑합니다. 하나님도 그러실까요? 그렇지 않습니다. 하나님은 우리 있는 모습 그대로를 사랑하시고 우리를 온전한 모습으로 빚으십니다. 이러한 하나님의 사랑을 깊이 깨닫고 알기를 위해서 기도합시다. 이 사랑이 마음에 가득 차게 된다면, 하나님의 말씀을 어길 수 없습니다. 말씀대로 행하고 싶어집니다. 이 사랑에 힘입어 모든 두려움과 불안을 이길 수 있습니다. 우리가 더욱더 하나님의 사랑을 알 수 있도록 위해서 기도합시다.

기도

하나님 아버지, 죄와 허물 가운데 심판받아야 마땅한 우리를 지금도 불쌍히 여기시고 구원의 은혜를 허락해 주셔서 감사드립니다. 이 사랑이 우리 마음에 차고 넘쳐서 사랑 가운데 예배하고 이웃에게 이 사랑을 실천하며 살도록 도와주옵소서.

호세아 2   지금까지 삶의 여정은 모두 은혜입니다

주제 말씀 에브라임이여 내가 어찌 너를 놓겠느냐 이스라엘이여 내가 어찌 너를 버리겠느냐 내가 어찌 너를 아드마 같이 놓겠느냐 어찌 너를 스보임 같이 두겠느냐 내 마음이 내 속에서 돌이키어 나의 긍휼이 온전히 불붙듯 하도다 호세아 11:8
관련 말씀 호세아 4-14장

   호세아 선지자가 하나님의 사랑을 알리며 돌아올 것을 호소하고 있는 대상인 북쪽 이스라엘은 여로보암이라는 솔로몬의 신하가 반역을 통해 세운 나라입니다. 원래 하나님은 다윗왕의 후손에게 왕조를 허락하셨고, 성전도 남쪽 이스라엘에 있었기 때문에, 북쪽 이스라엘은 신앙적 정통성이 없었습니다. 북쪽 이스라엘의 초대 왕 여로보암은 백성들의 마음이 남쪽으로 향하는 것을 막기 위해서 하나님과 가장 비슷한 우상을 애굽에서 들여왔어요. 바로 금송아지를 만들어 숭배하도록 가르친 것이지요. 금송아지는 출애굽 당시에 백성들이 하나님으로 여기고 섬겼던 우상입니다. 이것을 시작으로 북쪽 이스라엘은 극심한 우상숭배와 하나님의 은혜를 저버리는 배도의 길을 걷게 됩니다.

   하나님은 극심한 타락의 길을 걷는 북쪽 이스라엘을 보시고, 그 즉시 심판하지 않으셨습니다. 호세아를 통해서 하나님이 베푸신 은혜와 사랑에 대해서 매우 간절하게 호소하시고 돌아오길 강력히 촉구하셨습니다. 이 촉구는 설득, 경고, 징계, 회복에 대한 말씀을 포함하고 있습니다.

특히 11장은 중요한 메시지를 담고 있습니다. 11장 8절을 다른 번역 성경은 "네가 너무 불쌍해서 간장이 녹는다"라고 표현합니다. 타락하여 망해 가는 이들을 불쌍히 보시며, 사랑으로 설득하시는 것입니다. 호세아 선지자는 백성을 향한 안타까워하시는 마음과 불쌍히 여기시는 마음이 얼마나 큰지 증거하고 있습니다.

하나님을 떠나 스스로 멸망의 길을 걷고 하나님의 진노를 쌓는 자들을 향한 하나님의 마음이 어떠한지 느껴지나요? 자식이 타락하고 망해 갈 때 지켜만 보는 아버지는 없습니다. 하나님의 징계는 오랜 인내와 수많은 경고 끝에 내리는 아버지의 회초리와 같습니다. 우리가 죄를 지을 때, 누구보다 마음 아파하시는 분이 바로 우리 하나님 아버지이시며, 누구보다 우리가 회복되기를 원하시는 분도 하나님이십니다.

적용

하나님은 우리 아버지이십니다. 하나님은 우리가 말씀 안에서 거룩하기를 원하십니다. 그것이 우리가 참으로 행복한 길이기 때문입니다. 오늘 예배하면서, 하나님의 사랑과 인내를 마음에 다시 기억합시다. 하나님의 사랑과 인내로 서로를 바라보고 품을 수 있도록 기도합시다.

기도

하나님 아버지, 우리의 연약함에도 불구하고 품으시고 사랑해 주셔서 감사드립니다. 우리는 양 같아서 그릇 행할 때가 많습니다. 깨닫게 하시는 은혜를 주실 때, 회개하며 거룩한 모습으로 살아갈 수 있도록 도와주옵소서.

요엘 1 | 성령님을 보내겠다고 약속하셨어요

주제 말씀 너희는 먹되 풍족히 먹고 너희에게 놀라운 일을 행하신 너희 하나님 여호와의 이름을 찬송할 것이라 내 백성이 영원히 수치를 당하지 아니하리로다 요엘 2:26
관련 말씀 요엘 1-3장

요엘서는 남쪽 이스라엘을 향해 선포한 말씀입니다. 요엘 선지자가 활동할 당시에 하나님이 부패한 남쪽 이스라엘을 향해 한 가지 재앙을 내리세요. 메뚜기 떼가 이스라엘 땅에 있는 모든 곡물과 식물을 먹어 치워 수확물이 사라지고, 심지어 하나님께 소제와 전제도 드릴 수 없게 되는 징계였습니다.

이 징계로 하나님은 세 가지 메시지를 주십니다. 첫째는 징계를 당한 백성과 제사장들은 자신들의 부패와 타락을 회개하라는 말씀입니다. 둘째는 이 징계는 마지막 때에 하나님이 세상 모든 민족을 심판하실 때에 대한 경고 말씀이라는 것입니다. 셋째는 이 징계가 마지막 때 심판을 상징한다면, 심판 이후에 있는 하나님의 백성에 대한 완전한 승리와 회복이 있을 것이라는 말씀입니다.

요엘 선지자는 하나님의 징계의 때를 '여호와의 날'이라고 표현해요. 결국 하나님은 자기 백성과 하나님의 영광을 위해서 모든 만물을 회복하시고, 모든 백성에게 성령님을 보내어 주셔서 하나님 나라를 완성하실 것을 선포하십니다. 이에 대하여 하나님은 2장 28절에서 "내 영을 만민에게 부어 주리니"라고 말씀하시며 장차 예수 그리스도를 믿는 모든 하나님의 자녀들에게 보혜사 성령

님을 보내어 주실 것을 예고합니다. 예레미야와 에스겔도 성령님이 예수 그리스도를 믿는 모든 사람에게 임하실 것을 전했습니다. 이 말씀은 사도행전 2장에서 오순절 성령 강림으로 성취됩니다.

성령님은 우리를 도우셔서 우리가 '여호와의 날'에 구원받는 온전한 하나님의 자녀로 설 수 있게 하십니다. 특별히 우리가 삶의 어려움 속에서 어떻게 기도할지 모를 때에도 성령님이 우리를 위해 친히 기도해 주신다고 성경은 이야기합니다(롬 8:26). 이제 우리 성령님에 대한 약속의 말씀을 굳게 잡고 나아갑시다.

〰 적용

하나님은 예수 그리스도를 주님으로 고백하는 모든 자녀들에게 성령님을 보내 주십니다. 성령님이 아니고서는 하나님을 아버지라고 고백할 수 없습니다. 한번 우리에게 오신 성령님은 절대 떠나지 않으시고 우리 안에 영원히 계시며 환난과 시험 가운데 이길 힘과 인내할 의지를 더해 주십니다. 우리를 거룩한 자녀로 빚어 가시지요. 우리에게 오는 어떤 어려움도 하나님을 떠나게 할 수 없습니다. 오늘 예배하면서, 내 안에서 말할 수 없는 탄식으로 기도하시는 성령님께 감사합시다. 믿음과 인내를 더해 주셔서 이 세상의 모든 어려움을 이길 힘을 달라고 기도합시다.

기도

하나님 아버지, 예수 그리스도를 나를 위해 보내어 주시고, 성령님을 우리 마음에 허락해 주심으로, 영원히 떠나시지 않는 은혜를 누리게 하시니 감사드립니다. 성령님을 의지하며 기도하오니, 어떤 환난과 시험이 와도 능히 이길 힘을 더해 주시길 원합니다.

아모스 1 | 하나님 사랑과 이웃 사랑

주제 말씀 오직 정의를 물같이, 공의를 마르지 않는 강같이 흐르게 할지어다 아모스 5:24
관련 말씀 아모스 1-9장

아모스서는 북쪽 이스라엘을 향해 선포한 말씀이에요. 아모스는 양을 치거나 농사일을 하다가 선지자로 부름을 받았습니다. 당시 북쪽 이스라엘은 강한 국력과 부유함을 가지고 있었어요. 하나님은 아모스 선지자를 통해서 큰 권력과 많은 재산으로 잘 사는 백성의 죄를 지적하셨지요. 하나님은 이들의 죄 중에서 특히 사회적인 불의와 윤리적인 죄를 드러내십니다. 의로운 자에 대한 학대나 가난한 자의 재산에 대한 탐욕, 성적인 타락, 법적인 횡포와 같은 문제들이었습니다.

이런 죄악은 이스라엘뿐만 아니라 주변 6개 민족에게도 언급하시며 이들에 대한 정죄와 심판을 말씀하십니다. 아모스는 1-6장까지는 세 번의 설교로 구체적인 죄목들을 지적하고 있고, 7-9장은 5가지 환상을 통해서 죄에 대한 엄중한 심판과 회개를 촉구하고 있습니다.

아모스 5장 24절은 "오직 정의를 물같이, 공의를 마르지 않는 강같이 흐르게 할지어다."라고 선포하며, 정의와 공의를 추구하고 따르는 것을 강조하고 있습니다. 이 말씀은 야고보서 1장 27절에서 "하나님 아버지 앞에서 정결하고 더러움이 없는 경건은 곧 고아와 과부를 그 환난 중에 돌보고"라는 말씀처럼 예수 그리스도를

믿는 자녀들이 추구해야 하는 경건이라는 것을 알려 줍니다.

경건은 개인적으로 하나님 앞에서 기도와 말씀에 집중하는 훈련을 말하는 것뿐만 아니라, 이웃과 사회를 향해서 정의와 긍휼을 실천하는 것입니다. 그리스도인의 윤리라고 할 수 있는 십계명은 '하나님 사랑과 이웃 사랑'으로 요약될 수 있습니다.

자녀를 사랑하는 부모는 자녀에 대한 사랑을 말로 표현하는 것에서 끝나지 않습니다. 수고와 땀으로 자녀를 양육하는 것으로 실천합니다. 아무리 힘든 일도 자녀를 위한 일이라면 인내하며 기어코 해냅니다. 마찬가지로, 우리가 예배 중에 고백한 하나님에 대한 사랑은 가족과 이웃을 향한 실천으로 표현될 때 진정성을 가집니다. 또, 이웃 사랑은 옳지 않은 일이나 불의한 일을 보면 바로잡기 위해 노력하는 일을 포함합니다. 하나님을 향한 사랑은 골방에서 기도로 고백되고, 사회에서 실천되는 것입니다.

〰️ 적용

우리가 하나님을 진정으로 사랑한다면, 이웃 사랑이 자연스러운 열매로 드러납니다. 오늘 예배하면서, 주변에 어렵고 힘들게 살거나 일하는 분이 없는지 살펴봅시다. 가끔 주변에 우리를 위해 수고하는 이웃들에게 감사의 말이나 작은 선물을 드리는 것과 같은 실천을 해봅시다.

기도

하나님 아버지, 우리 주변에 부당한 일로 어려움을 당하거나, 경제적인 고통을 당하는 이웃이 있다면, 도울 수 있도록 지혜를 허락해 주옵소서. 우리의 실천을 통해 하나님의 공의로우심이 드러나게 도와주옵소서.

오바댜 1 | 하나님은 지금도 모든 나라를 통치하세요

주제 말씀 네가 네 형제 야곱에게 행한 포학으로 말미암아 부끄러움을 당하고 영원히 멸절되리라 오바댜 1:10
관련 말씀 오바댜 1장

    오바댜서는 이방 민족 에돔의 심판과 이스라엘의 구원에 관한 말씀이에요. 에돔 나라는 창세기에 나오는 야곱의 형 에서에게서 시작되었습니다. 에돔은 높은 산지에 위치하고 있어 정복하기 어려웠고, 천연자원이 풍부해서 애굽과 시리아 등지에 수출을 했기에 커다란 부를 쌓았습니다.

    오바댜 선지자는 이방 민족인 에돔에 대한 하나님의 심판을 선언합니다. 에돔의 죄는 하나님의 백성인 이스라엘을 핍박하고 괴롭힌 것과 하나님이 베풀어 주신 은혜를 모두 잊고 자기의 공로라고 교만하게 생각한 것이었습니다. 이러한 죄를 하나님이 공의로 심판하신다는 것과, 이 심판을 통해 장차 마지막 때 모든 민족을 멸하신다는 심판까지 예고하고 있어요. 특별히 최후 심판을 '나라가 여호와께 속하니라'라는 표현과 '시온산이 회복된다'라는 표현으로 말씀하고 있습니다. 이 날은 심판과 동시에 바로 하나님의 백성에게는 하나님께서 구원을 완성하시는 날입니다.

    구약 성경 대부분의 선지서는 이방 민족에 대해 심판하실 것을 말씀하고 있습니다. 그 이유는 이스라엘만 공의의 잣대로 심판하시는 것이 아니라, 온 민족을 공의로 통치하고 심판하는 하나님의 주권을 드러내시기 위해서입니다.

83

하나님은 우주와 세계를 전능하신 주권으로 지금도 다스리고 계세요. 자기 백성을 중심으로 열방이 하나님께 돌아오기를 원하십니다. 하나님은 백성을 통해 하나님의 말씀 앞에 엎드리지 않고 자기 백성을 핍박하고 위협하는 모든 세력을 공의로 멸하시고 심판하십니다. 마지막 때는 이방 민족에게 두려운 때이며, 동시에 하나님의 백성들에게는 승리와 구원의 때입니다. 이것을 오바댜서는 '에서의 산 위에 있는 사람'은 멸하시고 시온산은 구원하실 것이라고 말씀합니다.

적용

지금도 하나님은 세계 나라를 통치하고 계십니다. 나라가 일어서고 망하는 과정과 역사를 하나님이 전능하신 능력으로 통치하십니다. 우리가 예배하고 하나님을 섬길 때 오는 모든 핍박과 고난을 하나님은 알고 계시며 하나님의 때에 심판하십니다. 하나님의 때에 가난한 심령으로 하나님 나라를 사모하는 모든 자녀들에게 영원한 기쁨과 만족과 복을 허락해 주십니다. 우리의 소망은 하나님의 공의로운 통치 안에 있습니다. 우리가 갚지 않아도 하나님이 친히 갚으시고 억울함과 원통함을 모두 찬송으로 바꾸어 주십니다. 믿음을 지키는 일로 고난이 있다면 하나님 때에 주실 승리를 바라보며 소망을 가지기 바랍니다.

기도

하나님 아버지, 마지막 때를 허락하셔서 하나님의 백성을 대적하는 모든 악한 세력을 멸하시고 우리에게 영원한 기쁨과 승리를 안겨 주실 것을 믿습니다. 이것이 우리의 참 소망이 되게 하셔서 고난 중에도 하나님을 굳게 의지하는 믿음을 더해 주옵소서.

요나1 | 섬김과 사랑으로 복음을 전해요

주제 말씀 하물며 이 큰 성읍 니느웨에는 좌우를 분변하지 못하는 자가 십이만여 명이요 가축도 많이 있나니 내가 어찌 아끼지 아니하겠느냐 하시니라 요나 4:11
관련 말씀 요나 1~4장

    요나서는 앗수르 제국의 수도 니느웨를 향한 하나님의 말씀을 기록한 성경입니다. 니느웨는 전쟁에서 승승장구하는 강한 군사력을 가지고 있었고, 포로가 된 민족을 가혹하고 잔인하게 다루기로 유명했죠. 하나님은 요나에게 이들을 향해 '회개하지 않으면 심판을 받게 될 것'이라는 말씀을 선포하라는 명을 내립니다.

    요나는 선지자였지만, 하나님의 말씀을 따르지 않고 니느웨와 반대 방향에 있는 다시스로 향하는 배를 탑니다. 혹시라도 말씀을 듣고 회개하면 니느웨 사람들이 심판을 받지 않을 수도 있을 거라 생각했기에 요나는 하나님의 말씀에 순종하고 싶지 않았습니다.

    하나님은 요나의 불순종을 인정하지 않으셨어요. 다시스로 향하던 배에 몸을 실었던 요나를 바다에 던져 물고기 뱃속에 들어가게 하십니다. 요나는 물고기 뱃속에서 깊은 회개를 해요. 물고기 뱃속에서 나와 니느웨에 도착해 회개를 촉구합니다. 그러자 요나가 원하지 않던 결과가 펼쳐집니다. 니느웨 성읍에 있는 모든 사람들은 물론, 왕까지도 굵은 베 옷을 입고 재 위에 앉아 회개를 합니다. 그 모습을 본 요나는 니느웨가 심판을 받아 멸망하기를 바랐기 때문에 하나님께 원망을 쏟아 놓습니다. 그러나 하나님은 이방 민족이라도 회개하고 돌이키는 모습을 기뻐 받으며 그들을 불

쌍히 여긴다는 사실을 요나에게 말씀하십니다.

요나서는 선지자 요나를 통해서 이스라엘 민족의 잘못된 우월적인 선민의식과 완악한 신앙을 지적하시면서 동시에 말씀 선포 앞에서 그 즉시 회개한 이방 민족의 모습을 대조하고 있습니다. 하나님께 선택받은 백성이라고 하더라도 우리에게 선택받을만한 합당한 이유는 하나도 없고, 오직 예수님의 은혜 때문인 것을 늘 기억해야 합니다. 또한 하나님은 그 어느 누구라도 말씀 앞에 순복하는 자를 기뻐 받아 주신다는 것 또한 기억해야 합니다. 하나님의 선택받은 자녀라면 자신에게 돌아오는 영혼을 귀하게 여기고 기뻐하시는 하나님의 마음을 알아야 합니다.

적용

하나님께서는 항상 당신의 자녀와 함께하시며 자녀의 기도를 들어 주시고 때에 따라 응답해 주십니다. 자녀된 특권이지요. 하나님은 이 특권으로 믿지 않는 사람들을 더욱 불쌍히 여기고 복음을 위해서 섬기기를 원하십니다. 오늘 예배드리면서 혹시 우리에게 주신 믿음으로 이웃을 무시하고 있지 않은지 돌아보면 좋겠습니다. 이 믿음을 가지고 믿지 않는 불쌍한 이웃들의 구원을 위해서 나누고 베풀고 기도합시다. 하나님이 주신 은혜를 이웃을 위해 나눕시다.

기도

하나님 아버지, 우리에게 하나님의 자녀라는 권세를 허락해 주셔서 감사드립니다. 우리가 이 권세로 불신자와 이웃을 더욱 사랑으로 섬기게 도와주옵소서.

미가 1 | 하나님은 우리에게 공의를 원하세요

주제 말씀 사람아 주께서 선한 것이 무엇임을 네게 보이셨나니 여호와께서 네게 구하시는 것은 오직 정의를 행하며 인자를 사랑하며 겸손하게 네 하나님과 함께 행하는 것이 아니냐 미가 6:8
관련 말씀 미가 1-7장

미가서는 남쪽 이스라엘을 향해 선포한 하나님의 말씀이에요. 미가는 가난한 농촌 출신의 선지자였습니다. 그는 부패한 지도자와 제사장들이 개인적인 탐욕을 부리고, 사회적으로 불의를 저지르는 것을 지적하고 회개를 촉구했어요. 아모스가 목동 출신으로 북쪽 이스라엘의 부유한 지도층의 탐욕에 대해서 지적했다면, 미가는 남쪽 이스라엘의 부유한 지도층의 탐욕에 대해서 말하고 있습니다.

미가 선지자 당시에 남쪽 이스라엘은 북쪽 이스라엘과 전쟁을 하면서 사용한 전쟁 비용을 앗수르 제국을 달래기 위해 조공으로 바쳤습니다. 이 막대한 재정 지출을 위해서 지도자들은 가난한 자들을 억압하고 착취했습니다. 미가는 이런 모습이 하나님의 영광을 빼앗는 일이라고 정죄합니다. 참된 신앙을 회복하기 위해서 반드시 정의와 윤리가 회복되어야 한다고 강조합니다.

미가 6장 8절은 "여호와께서 네게 구하시는 것은 오직 정의를 행하며 인자를 사랑하며 겸손하게 네 하나님과 함께하는 것"이라고 말씀합니다. 다시 말하면, 신앙의 회복이란 하나님과의 개인적인 교제와 찬양, 기도만을 말하는 것이 아니라는 것입니다. 하

나님과 개인의 사이에서 올려 드리는 것들을 포함하여 삶에서 정직하고 진실하게 말하는 것, 그리고 그렇게 행동하는 것을 미가는 이야기합니다. 또한 어렵고 힘든 이웃을 돕고 가진 것을 그들과 나누는 것의 중요함을 말합니다. 미가는 이러한 삶을 회복하는 것이 예수 그리스도를 통해서 완성된다고 예고하고 있습니다.

참된 예배를 드리는 것은 정의와 사랑과 겸손한 삶을 사는 것과 함께 이루어지는 것입니다. 죄의 오염 가운데 있는 우리는 아직 완전히 말씀에 순종하며 진정한 삶의 예배를 드리기가 어렵습니다. 그러나 우리 힘으로는 힘들지만, 예수 그리스도를 믿는 믿음이 진실하다면 하나님은 말씀대로 실천할 수 있는 의지를 더해 주십니다. 자기 몸을 드리기까지의 사랑으로 친히 우리를 위해 죽으신 분이 우리와 함께하시기에 우리도 예수 그리스도 안에서 신앙의 선한 열매를 맺을 수 있습니다.

〰️ 적용

오늘 예배하며, 우리 안에 의와 진리와 거룩과 사랑으로 행하는 삶의 열매가 맺히길 위해서 기도합시다. 우리 가정 안에서 서로 용서하고 사랑으로 품고 인내해야 할 부분이 무엇인지 깨닫는 은혜를 주시길 기도하며, 삶의 열매가 맺히길 위해서 기도합시다.

기도

하나님 아버지, 우리에게 예수 그리스도를 믿는 믿음을 허락해 주셔서 감사드립니다. 모든 말씀을 완전하게 행하시고 지키신 예수님께서 내 안에 함께하실 때, 사랑과 진실과 공의로운 열매들이 우리 안에 맺힐 수 있게 도와주옵소서.

나훔1 | 하나님을 대적하는 모든 악의 끝은 심판

주제 말씀 볼지어다 아름다운 소식을 알리고 화평을 전하는 자의 발이 산 위에 있도다 유다야 네 절기를 지키고 네 서원을 갚을지어다 악인이 진멸되었으니 그가 다시는 네 가운데로 통행하지 아니하리로다 하시니라 나훔 1:15
관련 말씀 나훔 1-3장

나훔서는 앗수르 제국의 수도 니느웨를 향한 심판의 말씀입니다. 앗수르 제국은 오랫동안 이스라엘을 괴롭혔습니다. 북쪽 이스라엘을 멸망시켰을 뿐만 아니라, 남쪽 이스라엘도 지속적으로 공격하며 고통을 주었습니다. 더구나 이들은 다른 나라를 공격할 때 잔인한 방법으로 죽이거나, 사람들을 포로로 끌고 갔습니다. 또한 앗수르에는 음행과 폭력이 난무했습니다.

이런 죄악에 대해서 나훔 선지자는 하나님의 대적이 되었다고 말하며 하나님의 공의로 이들은 반드시 심판받고 합당한 형벌을 받게 될 것이라고 말하고 있습니다. 나훔 선지자는 이들을 향한 어떤 회개의 기회에 대해서도 언급하지 않습니다. 하나님을 대적하고 하나님의 백성에게 고통을 주는 대적들을 하나님이 얼마나 엄중하고 두렵게 심판하시는지에 관해서만 선포하고 있습니다.

나훔 선지자는 이 심판이 반드시 실행되는 확실한 말씀이라는 것을 강조하기 위해서 애굽의 노아몬 멸망 사건을 소개합니다. 고대 이스라엘이 살던 주변 나라 중 강력한 권세를 자랑한 애굽의 노아몬이 앗수르 제국에게 패하고 사라진 것처럼 니느웨도 하나님의 권능으로 반드시 심판받고 사라지게 될 것을 말하고 있습니

다. 나훔서는 이러한 대적에 대한 저주와 심판에 대해서 단호하게 말하며 앗수르 제국에게 고난을 당하던 남쪽 이스라엘 백성들에게 위로와 소망을 전해 주고 있습니다.

하나님의 공의는 이스라엘 뿐만 아니라, 모든 민족에게도 적용됩니다. 하나님의 법은 모든 민족과 백성이 따라야 하는 영원한 법입니다. 하나님은 자신을 대적하는 모든 이를 반드시 심판하십니다. 반대로 하나님을 의지하여 그 뜻을 따르는 백성을 돌보십니다. 우리는 악한 세상 가운데서도 하나님의 법을 따라야 하며 그럴 때에 참된 의로움을 얻게 될 것입니다.

적용

하나님의 말씀을 믿고 따르는 백성이 공의로우신 하나님의 심판을 의지하며 기도할 때, 핍박 중에서 위로를 얻을 수 있습니다. 하나님은 자기 백성을 반드시 보호하시며, 살아 계신 하나님이심을 보여 주십니다. 우리가 믿음으로 살아가려고 할 때 오는 핍박이 있다면, 심판주가 되시는 하나님을 의지하며 위로를 얻기 바랍니다. 하나님은 세상 모든 악을 반드시 소멸하시며, 자기 백성을 위해 일하시고, 결국에는 믿음이 이긴다는 사실을 보여 주십니다.

기도

하나님 아버지, 믿음으로 살려고 할 때 오는 핍박과 어려움을 이길 수 있는 힘과 능력을 더해 주옵소서. 핍박하는 자들이 심판주 되시는 하나님을 두려워할 수 있게 도와주옵소서. 악을 소멸하시고 심판하시는 하나님만 의지하며 소망을 가질 수 있게 도와주옵소서.

하박국 1 | 오직 의인은 믿음으로 말미암아 삽니다

주제 말씀 비록 무화과나무가 무성하지 못하며 포도나무에 열매가 없으며 감람나무에 소출이 없으며 밭에 먹을 것이 없으며 우리에 양이 없으며 외양간에 소가 없을지라도 나는 여호와로 말미암아 즐거워하며 나의 구원의 하나님으로 말미암아 기뻐하리로다 하박국 3:17-18
관련 말씀 하박국 1-3장

하박국서는 의인이 당하는 고난에 대한 질문에 하나님께서 알려 주시는 대답으로 구성된 말씀입니다. 하박국은 하나님께 두 가지 질문을 합니다. "왜 의인은 고난을 받으며 악은 번창합니까?", "왜 의인을 벌하기 위해서 악인을 사용하십니까?"

첫 번째 질문에 대해서 하나님은 악을 심판하겠다고 하시면서 이방 나라 바벨론을 사용하겠다고 하십니다. 왜 악인을 사용하시냐는 두 번째 질문에 대해서 하나님은 의인은 믿음으로 말미암아 살 것이라고 답하세요.

여기서 말하는 믿음은 하나님의 섭리에 관한 믿음을 말합니다. 하나님의 섭리는 하나님이 악을 허용하시되, 하나님의 선한 목적을 위해서 허용하셔서, 자기 백성과 하나님 나라를 위해서 사용하신다는 것입니다.

우리는 이 신비를 모두 이해하기 어렵습니다. 믿음은 모든 것을 이해해야 한다는 것을 전제로 삼고 있지는 않습니다. 비록 현재는 이해하기 어렵다고 하더라도, 하나님이 선하시고, 계획하신 바를 이루고야 만다는 사실과 그것이 우리의 구원을 위한 일이라는 것

을 믿을 때, 결국에 우리는 하나님을 찬양하고 경배할 수밖에 없습니다. 하나님의 선하심에 근거해서 하나님이 하시는 일을 신뢰할 때, 그 믿음으로 하나님의 일을 알아 갈 수 있습니다.

로마서 8장 28절의 "그 뜻대로 부르심을 입은 자들에게는 모든 것이 합력하여 선을 이루느니라"는 하신 말씀은 모든 악을 사용하셔서 선을 이루시는 하나님의 섭리를 말합니다. 오직 의인은 믿음으로 산다는 것은 이러한 하나님의 섭리를 믿는 믿음으로 사는 것을 말합니다.

적용

하나님의 섭리는 협력, 보존, 통치라는 세 가지 방식으로 이루어집니다. 모든 것을 협력해서 선을 이루시고, 이 가운데 우리를 믿음으로 보호하시며, 선과 악을 권능으로 통치해 가십니다. 이것으로 우리를 섭리하셔서, 구원에 이르게 하십니다. 오늘 우리에게 오는 모든 환란과 불행과 고난조차도 하나님은 우리를 위해서 협력, 보존, 통치하셔서 계획하신 바를 이루십니다. 이 믿음을 가질 때 하나님의 일하심을 경험할 수 있습니다. 오늘 예배드리면서, 하나님의 섭리에 대해서 더욱 신뢰하고 믿는 마음을 달라고 기도합시다.

기도

하나님 아버지, 우리를 위해서 모든 일을 섭리해 주심을 감사드립니다. 어떤 어려움 가운데서라도, 하나님은 우리를 믿음 안에서 떠나지 않게 하시고, 불행한 일이라도 선으로 사용하시고, 우리를 향한 복된 계획을 이루고야 마심을 믿게 도와주옵소서.

스바냐 1 | 기쁨을 이기지 못할 만큼 당신을 사랑하세요

주제 말씀 너의 하나님 여호와가 너의 가운데에 계시니 그는 구원을 베푸실 전능자이시라 그가 너로 말미암아 기쁨을 이기지 못하시며 너를 잠잠히 사랑하시며 너로 말미암아 즐거이 부르며 기뻐하시리라 하리라 스바냐 3:17
관련 말씀 스바냐 1-3장

    스바냐서는 남쪽 이스라엘과 이방 민족을 향한 하나님의 말씀입니다. 이스라엘 지도자들은 우상을 섬기고, 제사장들은 성소를 더럽히며, 거짓 선지자들은 거짓을 선포하고, 이방 민족들은 하나님을 인정하지 않고 자신들의 힘만으로 살아간다는 교만한 생각을 가지고 있었어요. 결국, 하나님의 진노를 쌓고 말았습니다. 스바냐는 이들에 대한 하나님의 맹렬한 심판을 선포하고 있습니다.

    그러나 맹렬한 심판 중에서도 하나님은 긍휼을 베푸셔서 이스라엘과 이방 민족 가운데 남은 자를 두겠다고 말씀하세요. 이 남은 자들은 가난한 자들로서, 환란과 핍박 가운데서 믿음을 잃지 않고 오직 하나님만 바라보고 회복의 때를 기다리는 자들입니다. 특히 3장 17절에서 하나님은 환란 중에서 믿음을 지킨 자들을 너무나 기뻐하시고 사랑하시고 즐거워하신다고 말씀하십니다.

    남은 자들의 신앙에 대해서는 이사야 선지자와 아모스 선지자도 소개를 하고 있습니다. 하나님은 부패와 타락으로 하나님의 징계와 심판이 이루어지는 중에도 하나님의 사람을 남겨 두심으로, 보이지 않는 자리에서 기도하고 말씀 가운데 행하는 자들을 구원하세요. 엘리야 시대에 바알에게 무릎을 꿇지 않은 7천 명을 남겨

두셨듯이 부패와 타락 가운데서도 믿음으로 사는 자들을 남겨 두십니다. 이들은 예레미야처럼 민족의 죄를 위해서 보이지 않게 회개하며 하나님 나라가 회복되기를 간절히 기도하며, 어둠 속에서 말씀대로 행하며 빛과 소금으로 사는 자들입니다.

하나님께서 싫어하시는 악한 생각과 행동을 포함하여 하나님을 대적하는 모든 악이 지금도 이 세상에 넘쳐 납니다. 그러한 세상에서 어려움을 당하더라도 믿음으로 빛과 소금으로 남아 있는 이들에게 하나님은 스바냐 선지자를 통해 말씀하고 계십니다. "너로 인해 기쁨을 이기지 못하고 잠잠히 너를 사랑한다"라고 말입니다.

〰️ 적용

하나님의 진노를 쌓는 일은 여전히 많습니다. 많은 경우에 불의한 자들과 하나님을 믿지 않는 자들이 이기는 것처럼 보일 수도 있습니다. 그러나 악은 잠시 잠깐입니다. 하나님은 비록 고난 가운데 있는 백성일지라도, 그들을 통해서 말씀이 선포되게 하시고, 기도로 중보하는 마음을 주셔서 복음이 증거되고 교회가 세워지게 하십니다. 오늘 예배를 드리며, 어두운 시대에 우리가 남은 자의 신앙으로 살아갈 수 있도록 함께 기도하길 바랍니다.

기도

하나님 아버지, 이 세상은 하나님의 진노를 쌓아 가는 죄가 늘어 갑니다. 하지만 이 가운데서 우리가 믿음을 온전히 지키며 기도하는 가운데 하나님의 말씀으로 기뻐하며 살아가는, 남은 자의 신앙을 가질 수 있게 도와주옵소서.

학개 1 | 예배의 회복이 풍성한 삶의 시작입니다

주제 말씀 만군의 여호와가 말하노라 스알디엘의 아들 내 종 스룹바벨아 여호와가 말하노라 그 날에 내가 너를 세우고 너를 인장으로 삼으리니 이는 내가 너를 택하였음이라 만군의 여호와의 말이니라 하시니라 학개 2:23
관련 말씀 학개 1-2장

학개서는 남쪽 이스라엘이 바벨론에 포로로 끌려간 뒤 70년 만에 다시 고향에 돌아왔을 때 그 백성에게 성전 건축을 독려하는 내용입니다. 성전 건축을 통해 예배를 회복할 것을 말씀하시는 것입니다.

학개 선지자는 포로에서 돌아온 백성들에게 성전 건축보다 자신의 집을 먼저 건축하는 문제에 대해서 지적합니다. 백성들은 하나님 앞에서의 신앙 회복보다 당장 현실적인 어려움 때문에 하나님을 온전히 섬기지 못하고 있었습니다.

하나님이 이들에게 다시 돌아올 수 있는 기회를 허락하신 이유는 과거의 땅을 다시 얻고 하나님 앞에서 온전한 신앙을 회복하도록 돕기 위해서였어요. 그렇기에 백성은 성전 건축으로 하나님을 향해 다시 한번 믿음을 회복하고, 온전한 예배로 하나님을 경배하며, 열방 민족을 하나님께 인도하는 제사장 나라의 비전을 이루어야 하는 것이죠.

하나님은 학개 선지자를 통해서 성전이 다시 건축될 때 이들에 대한 과거 약속을 다시 회복하시며, 다윗 왕조가 일어나 하나님의 복된 약속을 이어받게 될 것을 말씀하셨습니다. 이스라엘이 하나

님을 왕으로 모시고 온전하게 예배할 때 아브라함과 다윗에게 약속하시고 백성에게 주시고자 하신 모든 은혜와 복을 누릴 수 있었어요. 2장 23절의 스룹바벨은 다윗 왕조의 후손이에요. 하나님은 성전 건축과 함께 영원한 왕조를 약속한 다윗 언약을 지키고 이어가겠다고 하시는 말씀하십니다.

이스라엘이 다시 과거의 힘과 능력을 얻는 길은 군사력과 경제력에 있지 않았어요. 힘과 능력을 얻을 길은 하나님 앞에 온전한 예배였습니다. 이 예배를 통해 하나님을 두려움과 떨림으로 섬기고 경외할 때, 하나님은 온전한 회복을 허락해 주세요.

하나님의 자녀들의 힘과 능력은 인간적인 권력과 재력에 있지 않습니다. 하나님을 얼마나 경외하며, 온전하게 예배하고, 그 말씀에 순종하며 사는가에 달려 있습니다. 하나님을 전심으로 예배할 때 하나님은 백성들에게 은혜와 복으로 풍성한 삶을 살도록 허락해 주십니다.

〰 적용
오늘 얼마나 전심으로 예배했는지 돌아보며, 가정예배와 주일예배에 간절한 마음과 경외하는 마음으로 참여하기를 힘씁시다.

기도
하나님 아버지, 우리의 모든 회복은 하나님을 향해 온전한 마음으로 드리는 예배에 있다는 사실을 고백합니다. 하나님 앞에 나올 때마다 간절하게 의지하고 은혜를 소망하는 마음으로 나올 수 있게 도와주옵소서.

스가랴 1 | 하나님의 자녀가 되는 권세를 주십니다

주제 말씀 그 날에 죄와 더러움을 씻는 샘이 다윗의 족속과 예루살렘 주민을 위하여 열리리라 스가랴 13:1
관련 말씀 스가랴 1-14장

    스가랴서는 바벨론 포로에서 돌아온 이스라엘 백성을 향해 선포된 하나님의 말씀입니다. 여덟 개의 환상과 예수 그리스도에 대한 말씀으로 이루어져 있어요. 그 내용은 죄에 대한 책망 보다는 대부분 예수 그리스도를 통해 회복될 것에 대한 소망을 이야기하는 것으로 채워져 있습니다. 예수님을 통해서 정결함이 회복될 것이고 하나님의 통치가 완성될 것이라고 말하고 있어요. 하나님께서는 스가랴 선지자를 통해 폐허와 황무지 같이 된 고향 땅을 바라보는 백성에게 위로와 소망의 말씀을 하십니다. 바로 예수님을 통해 회복될 것에 대해서 말이죠. 스가랴서에는 다윗 왕조가 끊어진 것이 아니라, 장차 오실 영원한 왕이 어떻게 하나님 나라를 완성하실지에 대한 말씀이 나옵니다. 구약 성경의 선지서 중에서 예수 그리스도에 대한 말씀이 가장 구체적으로 기록되어 있지요. 예수님께서 이 땅에 종으로 오셔서, 나귀를 타고 예루살렘에 입성하며, 배신을 당해 고난을 받고 창에 찔리시고, 못에 박히고 십자가에 달리심으로 인해 우리의 죄를 씻어 줄 것을 이야기합니다. 또한 다시 재림 하셔서 온 세상을 통치하셔서 영원한 나라를 세울 것에 대해서도 예고합니다.

    스가랴 당시 이스라엘 백성은 깊은 절망 가운데 있었지만, 앞으

로 오실 예수 그리스도를 믿으며 소망 가운데 살아갈 수 있었어요. 예수님께서 이스라엘뿐만 아니라, 오는 모든 세대와 나라의 왕이 되실 것이라는 말씀을 듣고 믿었습니다. 포로에서 돌아와 성전과 성벽을 건축해도 과거 솔로몬 때의 영화를 회복할 수는 없었지만, 하나님은 스가랴를 통해 백성에게 눈에 보이는 회복과 비교할 수 없는 은혜의 때가 도래할 것을 선포했습니다.

하나님은 한번 선택한 백성을 절대 포기하지 않으십니다. 우리 힘으로 도저히 이길 수 없는 문제들이 산처럼 내 앞을 가로막는다고 하더라도, 그것으로 인해 우리의 믿음이 흔들리려 할 때라도, 하나님 아버지께는 아무런 문제가 되지 않습니다. 우리를 위해 독생자 예수 그리스도까지 허락하신 사랑으로 우리에게 모든 위기와 어려움을 이기도록 지혜를 주시며 의지와 힘을 반드시 더하여 주십니다.

적용

개인의 삶 속에서 혹은 가정 안에서 어려움과 문제가 있다면 기도로 하나님께 말씀 드리기 원합니다. 있는 모습 그대로 솔직하게 하나님께 이야기하고, 독생자 예수 그리스도를 믿는 믿음 안에서 이길 수 있는 힘과 능력을 더해 달라고 함께 간구합시다.

기도

하나님 아버지, 우리에게 예수 그리스도를 믿는 믿음을 허락해 주셔서 감사드립니다. 독생자까지 허락하신 그 사랑을 더욱 깊이 알게 하시고 곤고한 때를 이길 넉넉한 힘을 공급해 주실 것을 믿고 살아가게 도와주옵소서.

말라기 1 | 진실로 하나님을 예배할 때 회복 됩니다

주제 말씀 내 이름을 경외하는 너희에게는 공의로운 해가 떠올라서 치료하는 광선을 비추리니 너희가 나가서 외양간에서 나온 송아지 같이 뛰리라 말라기 4:2
관련 말씀 말라기 1-4장

 말라기서는 포로에서 돌아온 백성들이 성전을 재건하고 난 이후 보인 불신앙에 대한 지적과 예수 그리스도의 오심에 관한 말씀입니다. 성전을 재건한 뒤에 백성들은 신앙에 대한 회의감에 젖어 있었지요. 이 회의감에 대해서 하나님께 원망에 가까운 질문을 던지며 불신앙을 드러내고 있습니다. 이들은 하나님께 "언제 어떻게 우리를 사랑하셨나요?", "우리가 언제 주를 멸시했나요?", "우리가 어떻게 주를 괴롭게 했나요?", "우리가 어떻게 주의 것을 도적질 했다고 그러세요?" 등, 논쟁하듯이 묻고 있어요.

 말라기 선지자는 이들의 불신앙이 담긴 논쟁을 통해서 그들의 예배와 도덕과 윤리가 얼마나 타락했는지를 드러내고 있습니다. 백성은 불신앙의 모습으로 십일조나 헌물을 가볍게 여기고 소홀하게 생각했어요. 이런 가운데 말라기에서 십일조를 이야기하는 이유는 복을 받기 위한 조건을 말하려는 것이 아니에요. 예배의 심각한 타락으로 하나님께 드리는 모든 헌물과 헌신을 무가치하게 여기는 태도를 지적하기 위해서 십일조를 이야기하고 있습니다. 하나님에 대한 믿음이 없이 예배를 드릴 때 예배는 형식적인 시간이 됩니다. 신앙에 대해서도 회의감을 가지게 되며 하나님의 이름에 대한 경외나 믿음이 사라집니다. 말라기에서도 이스라엘

백성이 올려드리는 예배가 타락하였고 그러자 백성이 부도덕한 죄악을 일삼는 일들이 이어졌어요. 말라기 선지자는 하나님의 징계를 경고하며 예배에 대한 회복을 강하게 촉구하고 장차 오실 예수 그리스도를 통해 온전한 예배가 회복될 것을 예고합니다.

이 말씀대로 예수 그리스도는 한번에 드려진 영원한 희생 제물이 되셨습니다. 하나님은 이를 믿는 자에게 성령님을 보내어 주심으로 우리 죄를 깨닫고 회개하며 하나님을 경외하는 예배자가 되게 하셨습니다.

적용

구약 성경 마지막 책인 말라기는 온전한 예배를 드리는 일에 실패한 백성들의 모습을 보여 주며 예수 그리스도를 통해서 회복될 예배를 예고합니다. 하나님은 우리가 하나님 앞에 나올 때마다 죄를 깨닫게 하시고 말씀으로 가르치실 때 순복하는 마음을 허락해 주십니다. 우리가 하나님을 아버지라고 부르며 간절한 마음으로 기도할 수 있는 것은 놀라운 은혜입니다. 오늘 예배드리며, 예수 그리스도의 이름으로 하나님 앞에 함께 예배할 마음을 허락해주신 은혜에 감사합시다. 우리에게 하나님 안에서 언제 어디서나 항상 예배할 수 있는 능력을 허락해 주셔서, 은혜와 사랑 안에서 기쁨과 평강이 충만한 가정이 되게 해달라고 기도합시다.

기도

하나님 아버지, 우리에게 기도하는 마음과 예배하는 마음을 허락해 주셔서 감사드립니다. 본질상 진노의 자녀였지만, 우리의 어둠을 깨닫게 하셔서 오직 하나님의 은혜가 아니고서는 살 수 없다는 진리를 알게 하셔서 감사합니다. 영원토록 하나님만 예배하고 경배하는 가정이 될 수 있게 도와주옵소서.

사명선언문

너희가 흠이 없고 순전하여……세상에서 그들 가운데 빛들로
나타내며 생명의 말씀을 밝혀 _ 빌 2:15-16

1. 생명을 담겠습니다
만드는 책에 주님 주신 생명을 담겠습니다.
그 책으로 복음을 선포하겠습니다.

2. 말씀을 밝히겠습니다
생명의 근본은 말씀입니다.
말씀을 밝혀 성도와 교회의 성장을 돕겠습니다.

3. 빛이 되겠습니다
시대와 영혼의 어두움을 밝혀 주님 앞으로 이끄는
빛이 되는 책을 만들겠습니다.

4. 순전히 행하겠습니다
책을 만들고 전하는 일과 경영하는 일에 부끄러움이 없는
정직함으로 행하겠습니다.

5. 끝까지 전파하겠습니다
모든 사람에게, 땅 끝까지, 주님 오시는 그날까지
복음을 전하는 사명을 다하겠습니다.

서점 안내

광화문점 서울시 종로구 새문안로 69 구세군회관 1층
02)737-2288 / 02)737-4623(F)

강남점 서울시 서초구 신반포로 177 반포쇼핑타운 3동 2층
02)595-1211 / 02)595-3549(F)

구로점 서울시 동작구 시흥대로 602, 3층 302호
02)858-8744 / 02)838-0653(F)

노원점 서울시 노원구 동일로 1366 삼봉빌딩 지하 1층
02)938-7979 / 02)3391-6169(F)

분당점 경기도 성남시 분당구 황새울로 315 대현빌딩 3층
031)707-5566 / 031)707-4999(F)

일산점 경기도 고양시 일산서구 중앙로 1391 레이크타운 지하 1층
031)916-8787 / 031)916-8788(F)

의정부점 경기도 의정부시 청사로47번길 12 성산타워 3층
031)845-0600 / 031)852-6930(F)

인터넷서점 www.lifebook.co.kr